小学5年生 言葉と文法にぐーんと強くなる

目次

※「カタカナ」は、本来「かたかな」と表記しますが、本書では「カタカナ」と表記しています。

この本の使い方

- 1回から順に、学習しましょう。
- 問題に入る前に、まとめコーナーを読みましょう。
- 問題は、1から順にやります。
- 答え合わせをして、点数をつけます。つけ方がわからないときはおうちの方に見てもらいましょう。
- まちがえたところを直して、……りです。

1 仲間の言葉①

得点《とくてん》　　点

関係のある言葉①

関係のある言葉を仲間に分けて覚えましょう。

理科に関係のある言葉

覚えよう

- 文字に関係のある言葉：ひらがな・カタカナ・漢字・ローマ字・送りがな・ふりがな
- 言語に関係のある言葉：国語・日本語・外国語・英語・ドイツ語・フランス語・共通語・方言
- 文や文章に関係のある言葉：文・文章・だん落《らく》・話題・あらすじ・すじ道・要点・主題
- 社会に関係のある言葉：農業・工業・商業・漁業・作物・牧場・産地・原料・機械・加工・工場・消防《しょうぼう》しょ・けい察《さつ》しょ

1 □と同じ仲間の言葉を、□から選んで書きましょう。（一つ3点）

(1) 英語・イタリア語　国語・フランス語　（ドイツ語）

(2) 漢字・カタカナ　ローマ字　（　　）

(3) 工場・機械　原料・輸入《ゆにゅう》　（　　）

(4) こん虫《ちゅう》・成長　よう虫《ちゅう》・生物　（　　）

ドイツ語　・　さなぎ
ひらがな　・　加工

2 （　）に合う仲間の言葉を、□から選んで書きましょう。（一つ4点）

(1) 外国語・共通語・（　　）・日本語

(2) 漢字・（　　）・カタカナ・ローマ字

(3) （　　）・だん落《らく》・あらすじ・主題

(4) 農業・工業・（　　）・漁業

機械・工場・（　　）

(5) 植物・動物・（　　）・よう虫《ちゅう》

記録・（　　）

英語・商業・さなぎ・原料
ひらがな・観察・文章

3 □の言葉を、次の(1)～(5)に分けて書きましょう。（一つ6点）

(1) 言語に関係のある言葉。
（　　）・（　　）

(2) 文字に関係のある言葉。
（　　）・（　　）

(3) 文や文章に関係のある言葉。
（　　）・（　　）

(4) 社会に関係のある言葉。
（　　）・（　　）

(5) 理科に関係のある言葉。
（　　）・（　　）

方言・よう虫《ちゅう》・工業・漢字・あらすじ
要点・共通語・こん虫《ちゅう》・産地・ローマ字

② 仲間の言葉②

関係のある言葉②

1回（2ページ）のほかにも、仲間の言葉があります。ここでは、気持ちを表したり、性格《せいかく》や人がらに関係があったりする言葉を取り上げています。

うれしい気持ちを表す言葉

喜《よろこ》ぶ・楽しい・はれやか・明るい
さわやか・ゆかい・おもしろい
うきうきする・すっきりする
にこにこする・わくわくする

覚えよう

悲しい気持ちを表す言葉
くやしい・切ない・残念・がっかりする
しんみりする・泣く・泣き顔・かわいそう

おこったときの気持ちを表す言葉
いかる・しかる・どなる・かっかする
かんかんになる・はらが立つ・不《ふ》きげん

おどろいたときの気持ちを表す言葉
びっくりする・おどろく・ぞっとする
あわてる・たまげる・どきっとする

性格《せいかく》や人がらに関係がある言葉
やさしい・親切・正直・すなお
まじめ・熱心・しんちょう・ていねい
冷たい・わがまま・ずるい・いいかげん

1 [　]の中で、関係のない言葉を一つ選んで書きましょう。（一つ4点）

(1) [ゆかい・めずらしい　楽しい・さわやか]（めずらしい）

(2) [働く・ぞっとする　たまげる・あわてる]（　　）

(3) [くやしい・切ない　美しい・残念]（　　）

(4) [やさしい・まじめ　とつぜん・ずるい]（　　）

得点

点

2 ［　］の言葉を、次の(1)～(5)に分けて書きましょう。（一つ6点）

(1) うれしい気持ちを表す言葉。

（　　　）・（　　　）

(2) 悲しい気持ちを表す言葉。

（　　　）・（　　　）

(3) おこったときの気持ちを表す言葉。

（　　　）・（　　　）

(4) おどろいたときの気持ちを表す言葉。

（　　　）・（　　　）

(5) 性格《せいかく》や人がらに関係がある言葉。

（　　　）・（　　　）

切ない・たまげる・うきうきする・どなる・まじめ
いかる・はれやか・しんみりする・親切・ぞっとする

3 〈　〉の言葉を使って、絵に合う文を作りましょう。（一つ6点）

(1)

〈やさしい〉

田中君は、とても やさしい 人です。

(2)

〈おどろく〉

(3)

〈がっかりする〉

(4)

〈うきうきする〉

③ 言葉の種類①

言葉の三つの種類

言葉は働きによって、次の種類に分けることができます。

①物やことがらを表す言葉(名詞《めいし》)。

犬が走る。

花がさく。

公園を歩く。

バスに乗る。

覚えよう ●ねこが鳴く。 ●図書館へ行く。

②動きや存在《そんざい》を表す言葉(動詞《どうし》)。

鳥が飛ぶ。

ごみを拾う。

水を飲む。

かさがある。

覚えよう ●パンを焼く。 ●花が散る。

③様子を表す言葉。

せいが高い。

数が少ない。

暑い夏。

かたいパン。

覚えよう ●くつが新しい。 ●楽しい歌。

1 次の言葉を{ }から二つずつ選んで、◯で囲《かこ》みましょう。(一つ2点)

(1) 物やことがらを表す言葉(名詞《めいし》) { (かさ)・大きい　ねる・(かばん) }

(2) 動きや存在《そんざい》を表す言葉(動詞《どうし》) { 走る・少ない　食べる・音楽 }

(3) 様子を表す言葉 { 答える・強い　止まる・新しい }

(4) 物やことがらを表す言葉(名詞《めいし》) { 長い・ローマ字　学校・話し合う }

(5) 動きや存在《そんざい》を表す言葉(動詞《どうし》) { 相談・登る　喜《よろこ》ぶ・多い }

(6) 様子を表す言葉 { 太い・集める　会議・高い }

得点　　点

2 次の——の言葉の中から、〈　〉の言葉を選んで書きましょう。（一つ8点）

(1) 楽しい　歌を　歌う。
〈物やことがらを表す言葉（名詞《めいし》）〉（　歌　）

(2) 赤い　りんごを　買う。
〈動きや存在《そんざい》を表す言葉（動詞《どうし》）〉……（　　）

(3) 美しい　風景を　ながめる。
〈様子を表す言葉〉……（　　）

(4) バナナや　みかんを　食べる。
〈動きや存在《そんざい》を表す言葉（動詞《どうし》）〉……（　　）

(5) 魚つりの　糸は　細い。
〈様子を表す言葉〉……（　　）

3 次の——の言葉を「物やことがらを表す言葉（名詞《めいし》）」「動きや存《そん》在《ざい》を表す言葉（動詞《どうし》）」「様子を表す言葉」に分けて書きましょう。（一つ3点）

- むずかしい　言葉を　調べる。
- 図書館で　本を　読む。
- 太陽の　光が　まぶしい。
- 広い　公園で　遊ぶ。
- 浅い　プールで　泳ぐ。

(1) 名詞《めいし》……（　　）・（　　）

(2) 動詞《どうし》……（　　）・（　　）

(3) 様子を表す言葉（　　）・（　　）

④ 言葉の種類②

動きや存在《そんざい》を表す言葉（動詞《どうし》）

動きや存在《そんざい》を表す言葉を「動詞《どうし》」といいます。動詞《どうし》は、使い方によって、言葉の形が変わります。

大声で［笑わ］ない。
大声で［笑い］ます。
大声で［笑う］。
大声で［笑え］ば、楽しい。
大声で［笑お］う。
大声で［笑っ］た。

本で［調べ］ない。
本で［調べ］ます。
本で［調べる］。
本で［調べれ］ば、すぐわかる。
本で［調べ］よう。
本で［調べ］た。

●「笑う」や「調べる」など、動詞《どうし》の言い切りの形は、ウ段《だん》の音（「う・く・す・つ・ぬ・む・る・ぐ・ぶ」）で終わります。

覚えよう

●自転車に
［乗ら］ない。
［乗り］ます。
［乗る］。
［乗れ］ば、
［乗ろ］う。
［乗っ］た。

●ゲームで
［遊ば］ない。
［遊び］ます。
［遊ぶ］。
［遊べ］ば、
［遊ぼ］う。
［遊ん］だ。

1 〈　〉の言葉を、□に合う形で書きましょう。（一つ2点）

(1) 〈習う〉
習［わ］ない。
習［い］ます。
習［お］う。
習［つ］た。

(2) 〈決める〉
決［め］ない。
決□ます。
決□よう。
決□た。

(3) 〈開く〉
開［か］ない。
開□ます。
開□ば、
開［い］た。

(4) 〈転ぶ〉
転□ない。
転□ます。
転□ば、
転□だ。

得点
点

2 〈　〉の言葉を、文に合う形に変えて、（　）に書きましょう。（一つ3点）

(1) **〈守る〉**
決まりや約束を（守り）ます。

(2) **〈笑う〉**
友人の言葉でみんなが（　　）た。

(3) **〈加える〉**
さとうを（　　）ば、あまくなる。

(4) **〈進む〉**
パレードの先頭が駅まで（　　）だ。

(5) **〈調べる〉**
図《ず》かんで植物の名前を（　　）よう。

(6) **〈置く〉**
本をテーブルの上に（　　）た。

---

3 〈　〉の言葉を、文に合う形に変えて、（　）に書きましょう。（一つ5点）

(1) **〈泣く〉**
- しかられても（　　）なかった。
- 弟が（　　）ば、うるさくなる。
- 赤ちゃんが（　　）た。

(2) **〈すくう〉**
- 静かにスープを（　　）ます。
- 水を（　　）ば、こぼれる。
- あみで金魚を（　　）た。

(3) **〈運ぶ〉**
- みんなで荷物を（　　）ます。
- 箱を一つずつ（　　）だ。
- いすは（　　）ないでください。
- 車で（　　）ば、早く終わる。

5 言葉の種類③

様子を表す言葉

「大きい」や「楽しい」などは、様子を表す言葉です。様子を表す言葉は、使い方によって、言葉の形が変わります。

箱が重かった。
箱が重くない。
箱が重くなった。
箱が重い。
重い箱。
箱が重ければ、
二人《ふたり》で運ぶ。

花が美しかった。
花が美しくない。
花が美しくさいた。
花が美しい。
美しい花。
花が美しければ、
立ち止まって見るだろう。

「重い」や「美しい」など、様子を表す言葉の言い切りの形は、「い」で終わります。

覚えよう

- 寒かった。寒くない。寒くなる。寒い日。寒ければ、
- 温かかった。温かくない。温かくなる。温かいご飯。温ければ、
- 等しかった。等しくない。等しくなる。等しい長さ。等しければ、

1 次の言葉を、□に合う形で書きましょう。（一つ2点）

(1) 〈安い〉
安［かっ］た。
安□ない。
安［い］ねだん。
安□□ば、

(2) 〈悲しい〉
悲し□□た。
悲し□ない。
悲し□物語。
悲し□□ば、

(3) 〈深い〉
深□□た。
深□ない。
深□なる。
深□□ば、

(4) 〈冷たい〉
冷た□□た。
冷た□ない。
冷た□なる。
冷た□□ば、

得点
点

2 〈　〉の言葉を、文に合う形に変えて、（　）に書きましょう。（一つ3点）

(1) **〈悪い〉**
暑くて体調が（悪く）なった。

(2) **〈寒い〉**
夜になると、急に（　　）なった。

(3) **〈美しい〉**
ちょう上《じょう》からのながめは、（　　）た。

(4) **〈苦い〉**
（　　）ば、さとうを入れる。

(5) **〈温かい〉**
スープは、もう（　　）なかった。

(6) **〈深い〉**
川は、急に（　　）なった。

3 〈　〉の言葉を、文に合う形に変えて、（　）に書きましょう。（一つ5点）

(1) **〈重い〉**
- 父のかばんは、（重かっ）た。
- 体重が（　　）なった。
- 箱が（　　）ば、運べない。

(2) **〈苦しい〉**
- 食べすぎて、（　　）なる。
- 走って、息が（　　）た。
- （　　）ば、少し休もう。

(3) **〈短い〉**
- ズボンのたけが（　　）なる。
- かみの毛を（　　）切る。
- （　　）ば、ひもをつなごう。
- 水道のホースが（　　）た。

⑥ 国語辞典の使い方①

国語辞典の言葉のならび方と言い切りの形

①**言葉のならび方。**

「あ」で始まる言葉から、「あいうえお～」の順番（五十音順）にならんでいます。

あり → かき → さら → たこ → なす → はと

②**一字目・二字目…が同じときのならび方。**

かき → かた → かたい → かたみち

国語辞典は、すべての音が五十音順にならんでいます。

③**国語辞典に出ている言葉の形。**

● 動詞《どうし》
- 走らない
- 走ります
- 走る
- 走った

● 様子を表す言葉
- 暑かった
- 暑くなる
- 暑い
- 暑ければ

国語辞典には、□の**言い切りの形**で出ています。動詞《どうし》は**ウ段《だん》の音**で終わり、様子を表す言葉は「**い**」で終わります。

---

1 国語辞典に出ている順に番号をつけましょう。（全部できて(1)～(4)一つ3点、(5)～(8)一つ4点）

(1)（ 2 ）さんま　（ 1 ）かつお

(2)（　）きのう　（　）きのこ

(3)（　）たいふう　（　）たいよう

(4)（　）でんとう　（　）てんとうむし

(5)（　）かだん　（　）つくえ　（　）えほん

(6)（　）おかず　（　）おかし　（　）おなか

(7)（　）ぱらぱら　（　）はらはら　（　）ばさばさ

(8)（　）かつよう　（　）じつよう　（　）しつもん

得点
点

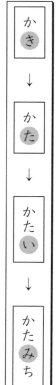

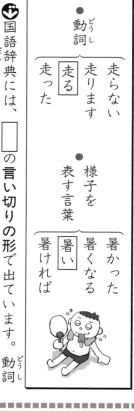

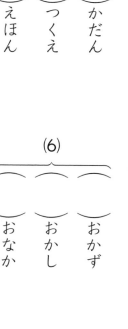

2 ——の言葉を、言い切りの形（国語辞典に出ている形）に書きかえましょう。（一つ4点）

〈例〉
ろうかは走らない。（走る）
空が明るくなる。（明るい）

(1) 去年の夏はとても暑かった。（　　　）

(2) 先生が用紙を配ります。（　　　）

(3) 校庭の木が高くなった。（　　　）

(4) 公園で老人が歩いています。（　　　）

(5) 遠ければ、バスを使おう。（　　　）

(6) ペンギンは空を飛ばない。（　　　）

(7) ねん土が固くなる。（　　　）

(8) いつか月に行ってみたい。（　　　）

3 □の文章の——の言葉を、言い切りの形（国語辞典に出ている形）に書きかえましょう。（一つ5点）

図書館のまどぎわには、いつもおじいさんが(1)すわっている。(2)読んでいる本は(3)古かった。けれども、それほど(4)むずかしくないようだ。

(1)（　　　）　(2)（　　　）

(3)（　　　）　(4)（　　　）

父に昔の水泳大会に出場した話を(5)聞いた。その大会で、いちばん(6)速く(7)泳いだそうだ。写真を見ると、父はとても(8)わかかった。

(5)（　　　）　(6)（　　　）

(7)（　　　）　(8)（　　　）

7 国語辞典の使い方②

言葉の意味

かなで書くと同じ音でも、文の中で使われるとき、ちがう意味の言葉があります。

かべに絵をかける。（物を動かないようにする。）

毛布《もうふ》をかける。（かぶせる。）

火に水をかける。（上から浴びせる。）

時間をかけて作る。（使う。）

「かける」は、使い方によって、それぞれ意味がちがっています。国語辞典に出ている使い方や意味を読んで、合うものをさがします。

覚えよう

- ボールが当たる。（ぶつかる。）
  日が当たる。（光を受ける。）
  くじで一等が当たる。（引きあてる。）
- 明るい電灯。（光の量が多い。）
  明るい歌声。（ほがらかな様子。）
  父は歴史に明るい。（よく知っている様子。）

1 ――の言葉の意味に合うほうに、○をつけましょう。（(1)(2)一つ5点、(3)(4)一つ6点）

(1) 日に当たって、体がぽかぽかする。
（　）ぶつかる。
（　）光などを受ける。

(2) 新しい服のサイズがぴったりあう。
（　）あてはまる。
（　）顔をあわせる。

(3) 赤ちゃんにタオルケットをかける。
（　）かぶせる。
（　）上から浴びせる。

(4) 飼《か》っている子犬の写真をとる。
（　）手に入れる。
（　）うつす。

得点　　点

2 ――の言葉の意味をそれぞれあとの［　］から選んで、ア〜ウの記号を書きましょう。（一つ6点）

(1)（　　）ボールが体に当たる。

(2)（　　）暑くて、夜風に当たった。

(3)（　　）福引きで二等の賞品が当たる。

ア　ぶつかる。
イ　引きあてる。
ウ　風などを受ける。

(4)（　　）早めに家にかえる。

(5)（　　）あいさつをしたら、あいさつがかえってきた。

(6)（　　）部屋《へや》のつくえの位置をかえる。

ア　相手がこたえる。
イ　もとの場所にもどる。
ウ　前とちがう状態《じょうたい》にする。

3 ――の言葉の意味をそれぞれあとの［　］から選んで、ア〜エの記号を書きましょう。（一つ7点）

(1)（　　）入学してから五年がたつ。

(2)（　　）新しいビルが、つぎつぎとたつ。

(3)（　　）公園に大きな木がたっている。

ア　まっすぐに生えている。
イ　出発する。
ウ　時間が過《す》ぎる。
エ　つくられる。

(4)（　　）習った曲をピアノでひく。

(5)（　　）おさない弟の手をひく。

(6)（　　）バイクが人をひきそうになった。

ア　かぜにかかる。
イ　連れ立って導《みちび》く。
ウ　車が人や物の上を通る。
エ　演《えん》そうする。

8 復習《ふくしゅう》ドリル①

1 ［　］の言葉を、次の(1)〜(4)に分けて書きましょう。（一つ2点）

(1) 悲しい気持ちを表す言葉。
（　　）・（　　）

(2) おこったときの気持ちを表す言葉。
（　　）・（　　）

(3) おどろいたときの気持ちを表す言葉。
（　　）・（　　）

(4) うれしい気持ちを表す言葉。
（　　）・（　　）
（　　）・（　　）

さわやか・はらが立つ・ゆかい・どきっとする
くやしい・かっかする・がっかりする
あわてる・はれやか・うきうきする

2 次の——の言葉を、「物やことがらを表す言葉（名詞《めいし》）」、「動きや存在《そんざい》を表す言葉（動詞《どうし》）」、「様子を表す言葉」に分けて書きましょう。（一つ2点）

・楽しい　歌を　みんなで　歌う。
・美しい　風景を　ながめる。
・明るい　ライトで　照らす。

(1) 名詞《めいし》…
（　　）・（　　）・（　　）

(2) 動詞《どうし》…
（　　）・（　　）

(3) 様子を表す言葉
（　　）・（　　）

得点
点

3 〈　〉の言葉を、文に合う形に変えて、（　）に書きましょう。（一つ5点）

(1) 〈泣く〉
赤ちゃんが（　　）た。

(2) 〈習う〉
新しい漢字を（　　）ました。

(3) 〈乗る〉
弟とバスに（　　）て、プールに行く。

(4) 〈加える〉
塩を（　　）たら、からくなった。

(5) 〈運ぶ〉
つくえを運動場まで（　　）だ。

(6) 〈調べる〉
図《ず》かんで魚の名前を（　　）よう。

4 〈　〉の言葉を、文に合う形に変えて、（　）に書きましょう。（一つ5点）

(1) 〈寒い〉
十二月になって、（　　）なった。

(2) 〈重い〉
箱が（　　）ば、持てないだろう。

(3) 〈短い〉
かみの毛を（　　）切った。

(4) 〈美しい〉
ちょう上《じょう》からのながめは、（　　）た。

(5) 〈温かい〉
お湯は、まだ（　　）なかった。

(6) 〈苦しい〉
走って、息が（　　）た。

9 いろいろな働きをする言葉①

得点

点

組になって使われる言葉

次のように、いつも組になって使われる言葉があります。

たん生日《じょうび》に、たくさんのプレゼントをもらった。
まるで夢《ゆめ》のような話だ。

「まるで」のあとに「ような(ように)」を組み合わせた言い方で、**たとえ**の意味を表します。

覚えよう

- 決して、中に入ってはいけない。(**禁止《きんし》**)
- 父は、たぶんねているのだろう。(**おし量る**)
- もし出かけるなら、かさを持っていくとよい。(**仮定《かてい》**)
- 夏休みには、ぜひキャンプに行きたい。(**願望**)
- わたしには、全くわからない問題です。(**打ち消し**)
- まさか遠足は中止にならないだろう。(**打ち消しでおし量る**)
- なぜ、こんな問題がわからないのか。(**疑問《ぎもん》**)

1 ――の言葉の使い方が正しい文に、○をつけましょう。(一つ2点)

(1)
( )まるで氷のように冷たい。
( )まるでアイスクリームが食べたい。

(2)
( )ぜひ、山田君に会えるとは思わなかった。
( )ぜひ、山田君と日曜日に遊びたい。

(3)
( )一人《ひとり》で留守番《るすばん》をしても、全くさびしくない。
( )全くさびしいなら、早めに帰ろう。

(4)
( )決して、ゴールまで歩いてはいけない。
( )決して、つかれて休んでいるのだろう。

(5)
( )まさか新しいボールをもらいたい。
( )まさかボールが池に落ちるとは思わなかった。

2 ——の言葉は、どんな意味を表しますか。[ ]から選んで、ア〜ウの記号を書きましょう。（一つ6点）

(1) たぶん、午後から雨がふるだろう。……（　）

(2) もし雨がふったら、試合は中止です。…（　）

(3) なぜ、雨がふらないのか。…………（　）

ア 仮定《かてい》　イ おし量る　ウ 疑問《ぎもん》

3 （　）に合う言葉を、[ ]から選んで書きましょう。（一つ8点）

(1) （　）ぬいぐるみのような子犬だ。

(2) （　）遊ぶなら、着かえたほうがよい。

(3) （　）、中をのぞいてはいけません。

決して・まるで・もし・まさか

4 （　）に合う言葉を、[ ]から選んで書きましょう。（一つ8点）

(1) 夕方までに、たぶん荷物がとどく（　）。

(2) それはまるで、雪の（　）白さだった。

(3) 明日《あす》、もし雨（　）、運動会は中止だ。

(4) まさか四年生のチームには負け（　）だろう。

(5) おもしろそうな本だから、ぜひ読んでみ（　）。

(6) なぜ、ペンギンは空を飛べない（　）。

ない・なら・だろう・のか
でも・たい・ような

10 いろいろな働きをする言葉②

意味を付け加える言葉

いろいろな言葉について、さまざまな意味を付け加える言葉があります。

かばんだけがある。
二ひきしかない。
一人《ひとり》きりで遊ぶ。

「だけ」「しか」「きり」は、それぞれの上の言葉について、限定《げんてい》する意味を付け加えています。

覚えよう

- **（程度《ていど》を表す）**
  - 一時間ほどテレビを見る。
  - 手のひらぐらいの大きさの葉っぱ。
  - 一時間ばかり休む。
- **（例を示《しめ》す）**
  - お茶でも飲みましょう。
  - えん筆《ぴつ》やノートなどの文《ぶん》ぼう具《ぐ》。
  - 先生でさえわからない問題だ。
- **（限定《げんてい》する）**
  - ケーキのことばかり考えていた。
  - 十一時まで起きていた。（時間の限定《げんてい》）
  - 水さえあれば助かる。

1 ――の言葉の使い方が正しい文に、○をつけましょう。（一つ5点）

(1)
（　）つくえには、本だけが置いてあった。
（　）今日《きょう》は、昨日《きのう》だけ雨はふらなかった。

(2)
（　）手を挙げたのは五人などだった。
（　）落ち葉や木《こ》の実《み》などを拾う。

(3)
（　）マッチぼうぐらいの小さな人形《にんぎょう》。
（　）先生でぐらい読まない本。

(4)
（　）色《いろ》えん筆《ぴっ》が三色しかない。
（　）ゲームの続きしか考えていた。

(5)
（　）教室で一人ばかりになる。
（　）友人の家まで、十五分ばかりかかった。

(6)
（　）たまごさえの大きなチョコレート。
（　）名前さえ書けば、だれの物かがわかる。

得点　　点

2 （　）に合う言葉を、それぞれあとの[　]から選んで書きましょう。（一つ5点）

(1)

① おどろく（　　）大きな公園。

② 土曜日は、夜おそく（　　）起きていた。

③ 天気がいいので、散歩（　　）しよう。

ほど ・ まで ・ でも ・ さえ

(2)

① いとこと二人《ふたり》（　　）で遊んだ。

② 弟は、いつもテレビ（　　）見ている。

③ ぼくで（　　）知っている。

しか ・ きり ・ ばかり ・ さえ

3 〈　〉の言葉を使って、絵に合う文を作りましょう。（一つ10点）

(1)

〈これしか〉

ケーキは、これしか残っていない。

(2)

〈十分ぐらい〉

(3)

〈クッキーなど〉

(4)

〈十時まで〉

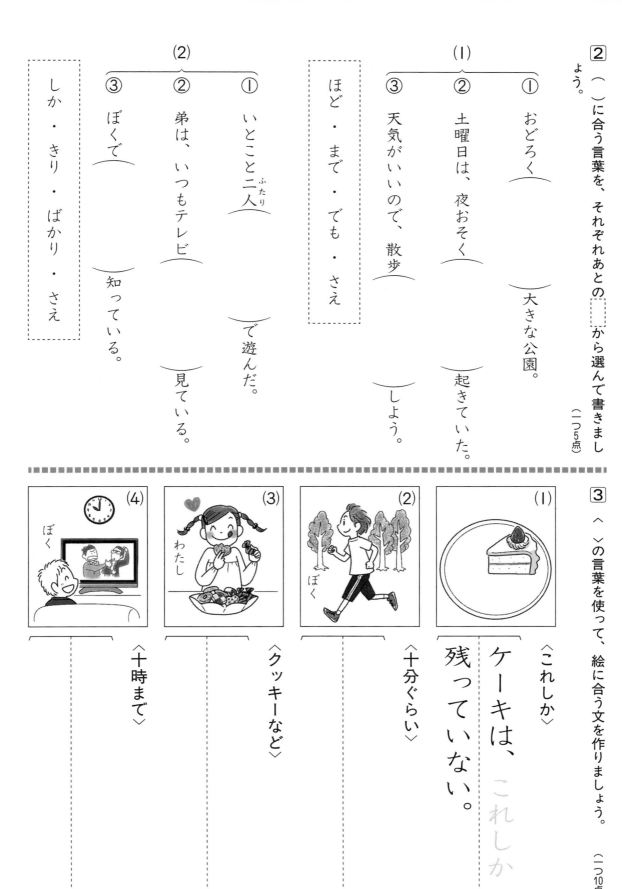

11 いろいろな働きをする言葉③

得点

点

可能《かのう》の意味を表す動詞《どうし》

動詞《どうし》の形を変えると、「〜できる」ことを表す、可能《かのう》の意味になります。

「る」をつけた形に変えると、可能《かのう》の意味になる動詞《どうし》があります。

覚えよう

- 会う → 会える
- 泳ぐ → 泳げる
- 勝つ → 勝てる
- 飲む → 飲める
- 読む → 読める
- 行く → 行ける
- 持つ → 持てる
- 書く → 書ける
- 表す → 表せる
- 動く → 動ける
- 運ぶ → 運べる
- 置く → 置ける
- 拾う → 拾える
- 回る → 回れる

1 次の言葉を可能《かのう》の意味に変えるとき、正しいほうに、○をつけましょう。（一つ3点）

(1) 歩く
（　）歩こう
（○）歩ける

(2) 走る
（　）走れる
（　）走ります

(3) 飛ぶ
（　）飛べる
（　）飛んだ

(4) 話す
（　）話そう
（　）話せる

(5) 運ぶ
（　）運べる
（　）運ぼう

(6) 読む
（　）読める
（　）読みます

(7) 動く
（　）動かす
（　）動ける

(8) 飲む
（　）飲める
（　）飲んだ

2 次の言葉を可能《かのう》の意味に変えて書きましょう。（一つ4点）

〈例〉 読む → （読める）

(1) 会う
→（　　　）

(2) 泳ぐ
→（　　　）

(3) 持つ
→（　　　）

(4) 表す
→（　　　）

(5) 回る
→（　　　）

(6) 書く
→（　　　）

(7) 行く
→（　　　）

(8) 帰る
→（　　　）

(9) 置く
→（　　　）

(10) 飲む
→（　　　）

3 〈　〉の言葉を、可能《かのう》の意味に変えて、（　）に書きましょう。（一つ6点）

(1) **〈書く〉**
作文が（書ける）ようにメモをとっておく。

(2) **〈泳ぐ〉**
兄は五十メートルを楽に（　　　）。

(3) **〈持つ〉**
重そうな荷物だって（　　　）。

(4) **〈話す〉**
海外にいるおばは、英語を（　　　）。

(5) **〈読む〉**
ぶ厚《あつ》いが、好きな本なので（　　　）。

(6) **〈動く〉**
いつでも（　　　）ように準備《じゅんび》をしておく。

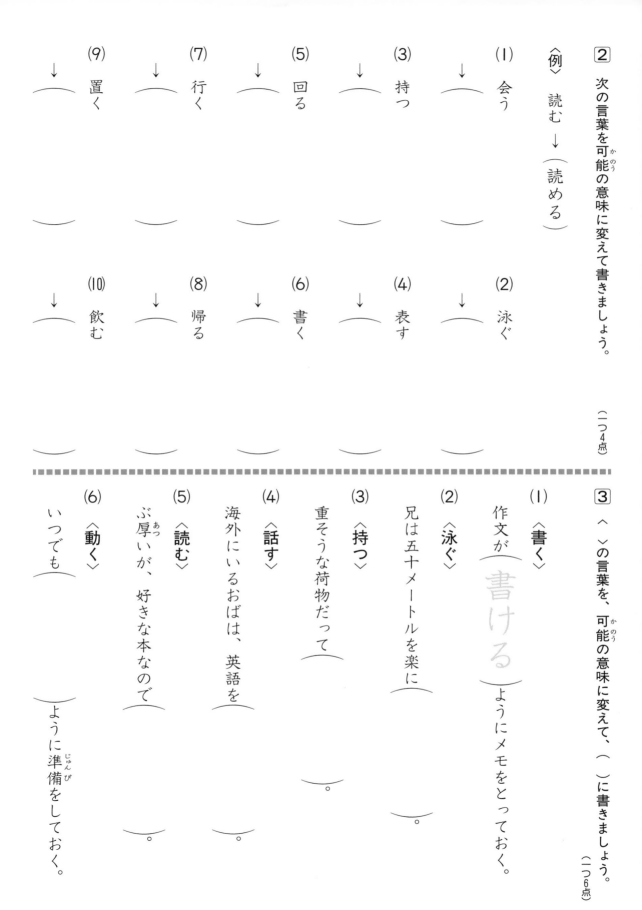

12 いろいろな働きをする言葉④

動詞《どうし》にそえて使う言葉

動詞《どうし》にそえて使う言葉があります。

歩いていく
（遠ざかっていく様子）
歩いてくる
（近づいてくる様子）
歩いている
（動作が続いている様子）

動詞《どうし》のあとに——の言葉をそえることで、いろいろな動作の様子を表します。

覚えよう

- 向こうへ走っていく。（遠ざかっていく様子）
- こっちに走ってくる。（近づいてくる様子）
- 公園を走っている。（今その動作が続いている様子）
- 本を読んでおく。（前もって、その動作をする様子）
- 本を読んでみる。（ためしに、その動作をする様子）
- 本は読んである。（すでに動作が終わった様子）
- かさをなくしてしまう。（意図に反した動作をする様子）

1 ——の言葉の使い方が正しい文に、○をつけましょう。（一つ5点）

(1)
（　）弟がこっちに走ってくる。
（　）弟がこっちに走っていく。

(2)
（　）算数のノートをなくしてある。
（　）算数のノートをなくしてしまう。

(3)
（　）バス停《てい》まで歩いていく。
（　）バス停《てい》まで歩いてある。

(4)
（　）やぎが紙を食べている。
（　）やぎが紙を食べてある。

(5)
（　）借りた本は、今日《きょう》のうちに返してみる。
（　）借りた本は、今日《きょう》のうちに返しておく。

(6)
（　）思いきって、とび箱をとんでみる。
（　）思いきって、とび箱をとんである。

得点
点

2 ――の言葉が、次の働きで使われている文に、◯をつけましょう。（一つ6点）

(1) すでに動作が終わった様子を表す。

（　）お礼の手紙を書いている。

（　）お礼の手紙は書いてある。

(2) 近づいてくる様子を表す。

（　）はとが公園を歩いている。

（　）はとがこちらに歩いてくる。

(3) 前もって、その動作をする様子を表す。

（　）もう宿題は終わらせてみる。

（　）早めに宿題を終わらせておく。

(4) 今その動作が続いている様子を表す。

（　）友達《ともだち》が、リレーの代表として走っている。

（　）本番前に、ためしに走ってみる。

(5) 意図に反した動作をする様子を表す。

（　）学校にかさをわすれてしまう。

（　）友達《ともだち》がかさをわすれている。

3 〈　〉の動詞《どうし》のあとに言葉をそえて、次の意味に合う文を作りましょう。（一つ10点）

(1) 〈**飛ぶ**〉…遠ざかっていく様子。

飛行機が飛んでいく。

(2) 〈**使う**〉…ためしに、その動作をする様子。

ぼくは、

(3) 〈**そうじする**〉…前もって、その動作をする様子。

(4) 〈**落とす**〉…意図に反した動作をする様子。

13 反対の意味の言葉①

反対の意味を表す言葉①

言葉の中には、反対の意味を表すものがあります。

かたいせんべい。↔ やわらかいもち。

ドアを開ける。↔ ドアをしめる。

覚えよう

- 軽い箱。↔ 重い箱。
- 熱いお湯。↔ 冷たい氷。
- 早くねる。↔ 早く起きる。
- 人数が減《へ》る。↔ 人数が増《ふ》える。
- 高いビル。↔ 低いビル。
- 浅いプール。↔ 深いプール。
- ごみを拾う。↔ ごみをすてる。
- ゴムがちぢむ。↔ ゴムがのびる。
- 明るい部屋《へや》。↔ 暗い部屋《へや》。
- 早い時間。↔ おそい時間。
- お金を得《え》る。↔ お金を失う。
- 町が栄える。↔ 町がおとろえる。

1 □と反対の意味の言葉を、□から選んで書きましょう。（一つ4点）

(1) 軽いかばん。↔（　　　）

(2) 熱いお茶。↔（　　　）

(3) 明るい部屋《へや》。↔（　　　）

(4) 浅いプール。↔（　　　）

(5) まどを開ける。↔（　　　）

(6) 町が栄える。↔（　　　）

重い・しめる・深い
暗い・冷たい・おとろえる

得点　　点

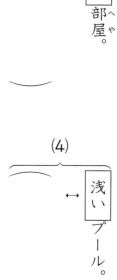

2 □と反対の意味の言葉を、（　）に書きましょう。（一つ6点）

(1) せいが高い。↔（　　　）

(2) 熱いお茶を飲む。↔（　　　）

(3) 軽いかばん。↔（　　　）

(4) かたいせんべい。↔（　　　）

(5) 早くねる。↔（　　　）

(6) ごみを拾う。↔（　　　）

(7) 人数が減《へ》る。↔（　　　）

(8) 服がちぢむ。↔（　　　）

3 □の反対の意味の言葉を二つとも使って、絵に合う文を作りましょう。（一つ7点）

(1)

熱い↕冷たい

熱い料理を食べて、冷たい水を飲む。

(2)

浅い↕深い

(3)

拾う↕すてる

(4)

のびる↕ちぢむ

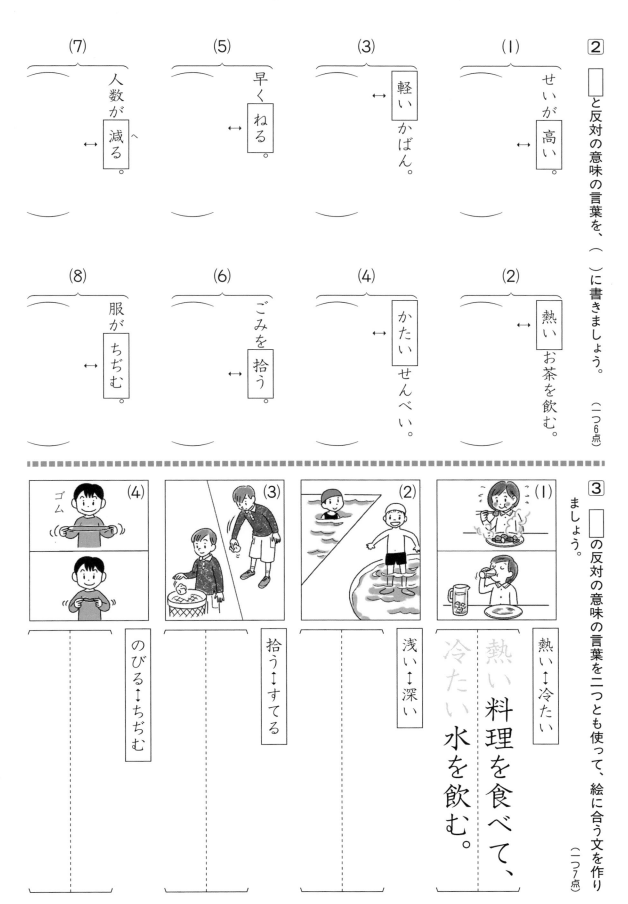

14 反対の意味の言葉②

反対の意味を表す言葉②

13回（26ページ）のほかに、漢字二字の熟語《じゅくご》にも、反対の意味を表すものがあります。

①漢字の一字が同じ言葉の組み合わせ。

最初にならぶ。↔最後にならぶ。

覚えよう

- 十人以上。↔十人以下。
- 長所をのばす。↔短所を直す。
- 当選した人。↔落選した人。
- 輸入《ゆにゅう》する。↔輸出《ゆしゅつ》する。
- 安心する。↔不安になる。

②全くちがう言葉の組み合わせ。

入学式。↔卒業式。

覚えよう

- 豊《ゆた》かな自然。↔人工の池。
- 増加《ぞうか》する。↔減少《げんしょう》する。
- 事故《じこ》の原因《げんいん》。↔検査《けんさ》の結果。
- 白組の勝利。↔赤組の敗北。
- 平和な世界。↔戦争をなくす。

1 □と反対の意味の言葉を、○で囲みましょう。

（(1)〜(4)一つ2点、(5)〜(8)一つ3点）

(1) 長所をほめる。
　〔短所・住所〕

(2) 屋外でするスポーツ。
　〔国内・屋内〕

(3) 三人落選する。
　〔予選・当選〕

(4) 最後にならぶ。
　〔最大・最初〕

(5) 試合に勝利する。
　〔敗者・敗北〕

(6) 安心できる場所。
　〔不安・安定〕

(7) 苦手な教科。
　〔得意《とくい》・得点《とくてん》〕

(8) 実験に失敗する。
　〔成長・成功〕

得点　　点

2 □と反対の意味の言葉になるように、□に合う漢字を［　］から選んで書きましょう。（一つ4点）

(1) 十人 以下 の人。 ↔ 以□

(2) 友達《ともだち》と 登校 する。 ↔ □校

(3) 一人だけ 当選 する。 ↔ □選

(4) 人口が 増加《ぞうか》 する。 ↔ □少

(5) 失点 が多い。 ↔ □点

(6) 便利 な道具。 ↔ □便

(7) 輸入《ゆにゅう》 する。 ↔ 輸□

(8) 屋内 で遊ぶ。 ↔ 屋□

上・不・減《げん》・落・出・外・下・得《とく》

3 □と反対の意味の言葉を、□□に書きましょう。（一つ6点）

(1) 長所 をのばす。 ↔ □□

(2) 美しい 自然。 ↔ □□

(3) 不安 になる。 ↔ □□

(4) 最初 から読む。 ↔ □□

(5) 勝利 をおさめる。 ↔ □□

(6) 事故《じこ》の 原因《げんいん》。 ↔ □□

(7) 実験が 成功 する。 ↔ □□

(8) 得意《とくい》 なスポーツ。 ↔ □□

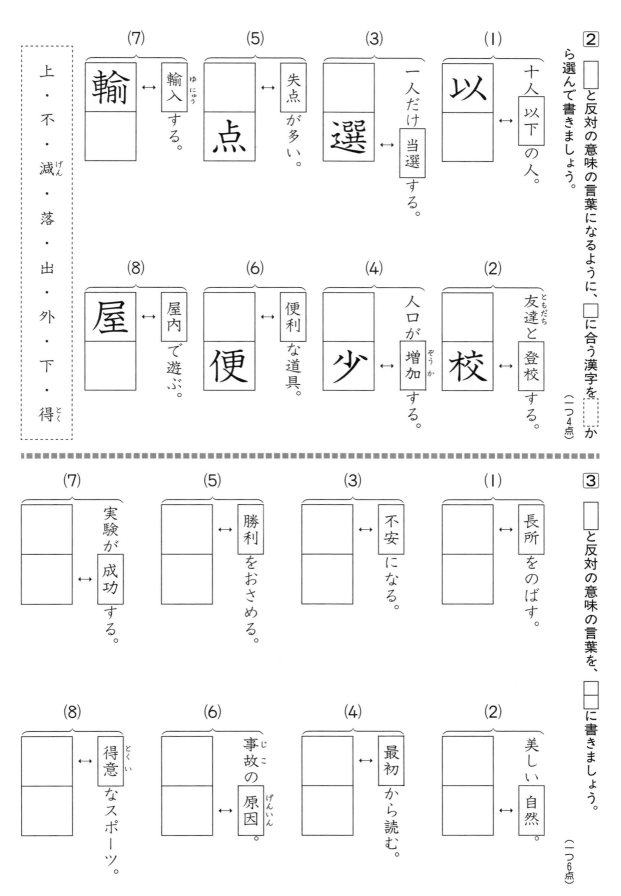

15 似《に》た意味の言葉

意味や使い方のちがい

似《に》た意味の言葉は、いつも同じように使えるわけではありません。

○耳もとで**しゃべる**。

○耳もとで**ささやく**。

○大声で**しゃべる**。

×大声で**ささやく**。

↓上の文では、「しゃべる」も「ささやく」も使えますが、下の文では、「ささやく」は使えません。「ささやく」は、「小さい声でひそひそと話す」の意味で使うからです。

覚えよう

- ○試験管を**見つめる**。 ×試験管を**見わたす**。
- ○話し合いを**もつ**。 ×話し合いを**にぎる**。
- ○小さな声で**話す**。 ×小さな声で**さけぶ**。
- ○美しい風景を**ながめる**。 ×美しい風景を**のぞく**。
- ○技術《ぎじゅつ》を**伝える**。 ×技術《ぎじゅつ》を**告《つ》げる**。
- ×小さな声で**わめく**。 ×小さな声で**どなる**。

1 □と置きかえることができる似《に》た意味の言葉を、[ ]から選んで、○で囲みましょう。（一つ6点）

(1) 山《さん》ちょうから美しい風景を**見わたす**。

[食べる・ながめる・調べる]

(2) 兄が、部屋《へや》のまどから大声で**さけぶ**。

[投げる・見つめる・どなる]

(3) 妹が、耳もとで小さな声で**しゃべる**。

[聞く・ささやく・のぞく]

(4) 大切な用件《ようけん》を**告《つ》げる**。

[伝える・どなる・ながめる]

得点　点

2 □と似《に》た意味の言葉を、[ ]から選んで書きましょう。（一つ8点）

(1) 友人が、わたしの耳もとでそっと［しゃべる］。
（　　　　）

(2) 自転車のハンドルを［もつ］。
（　　　　）

(3) 友人が、遠くから大声で［どなる］。
（　　　　）

(4) 高いビルのまどから、下の町を［ながめる］。
（　　　　）

(5) 伝統《でんとう》のある技術《ぎじゅつ》を［受けつぐ］。
（　　　　）

ささやく・さけぶ・見わたす
引き受ける・つかむ

3 ――の言葉の使い方が正しい文に、○をつけましょう。（一つ6点）

(1)
（　）弟が、二階のまどから大声でさけぶ。
（　）弟が、二階のまどから大声でささやく。

(2)
（　）山のちょう上《じょう》から、美しい景色《けしき》をのぞく。
（　）山のちょう上《じょう》から、美しい景色《けしき》をながめる。

(3)
（　）お年寄《としよ》りが子どもたちに伝統《でんとう》文化を伝える。
（　）お年寄《としよ》りが子どもたちに伝統《でんとう》文化を告げる。

(4)
（　）ねむっているねこの顔を見わたす。
（　）ねむっているねこの顔を見つめる。

(5)
（　）内《ない》しょ話《ばなし》を小さな声でしゃべる。
（　）内《ない》しょ話《ばなし》を小さな声でわめく。

(6)
（　）大会でゆう勝《しょう》するという夢《ゆめ》をもつ。
（　）大会でゆう勝《しょう》するという夢《ゆめ》をにぎる。

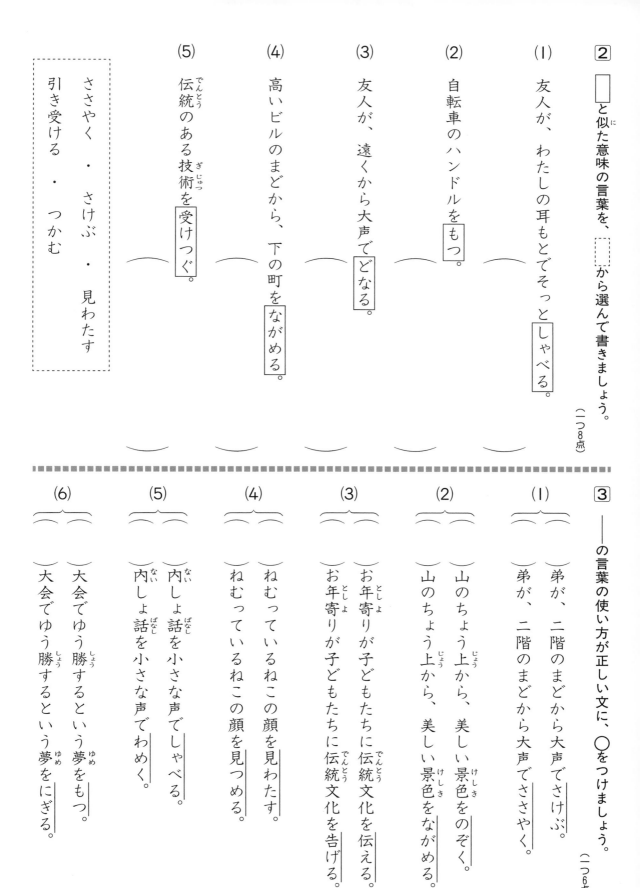

16 復習《ふくしゅう》ドリル②

1 （　）に合う言葉を、[　]から選んで書きましょう。（一つ3点）

(1) 兄は、テレビゲーム（　　）している。

(2) 一度（　　）の人生を大切に送りたい。

(3) 天気がいいので、公園に（　　）行こう。

(4) 大笑いしたくなる（　　）おもしろい本。

(5) まだ初めの一章（　　）読んでいない。

きり・ほど・ばかり・しか・でも

2 〈　〉の言葉を、可能《かのう》の意味に変えて、（　）に書きましょう。（一つ3点）

(1) 〈運ぶ〉父は、重い荷物でも（　　）。

(2) 〈会う〉宿題が終わったら、友達《ともだち》に（　　）。

(3) 〈走る〉本気なら、もっと速く（　　）。

(4) 〈はく〉三才の弟は、一人《ひとり》でくつを（　　）。

(5) 〈話す〉姉は、少しなら英語を（　　）。

得点
点

3 □と反対の意味になる言葉を、□□に書きましょう。（一つ5点）

(1) 一人《ひとり》だけ［落選］する。 ↔ □□

(2) 交通が［不便］だ。 ↔ □□

(3) ［不安］になる。 ↔ □□

(4) 白組の［敗北］。 ↔ □□

(5) 事故《じこ》が［減少《げんしょう》］する。 ↔ □□

(6) 実験の［失敗］。 ↔ □□

(7) 美しい［自然］。 ↔ □□

(8) ［戦争］のない世界。 ↔ □□

4 （　）に合う言葉を、[　]から選んで書きましょう。（一つ5点）

(1) まさか試合は中止にならない（　　）だろう。

(2) たぶん、明日《あす》は雨がふる（　　）。

(3) それは、まるで火の（　　）熱さだった。

(4) おもしろそうだから、ぜひ行ってみ（　　）。

(5) もし出かける（　　）、上着を着なさい。

(6) なぜ、きりんの首は長い（　　）。

だろう・のか・なら・ても
ような・ない・たい

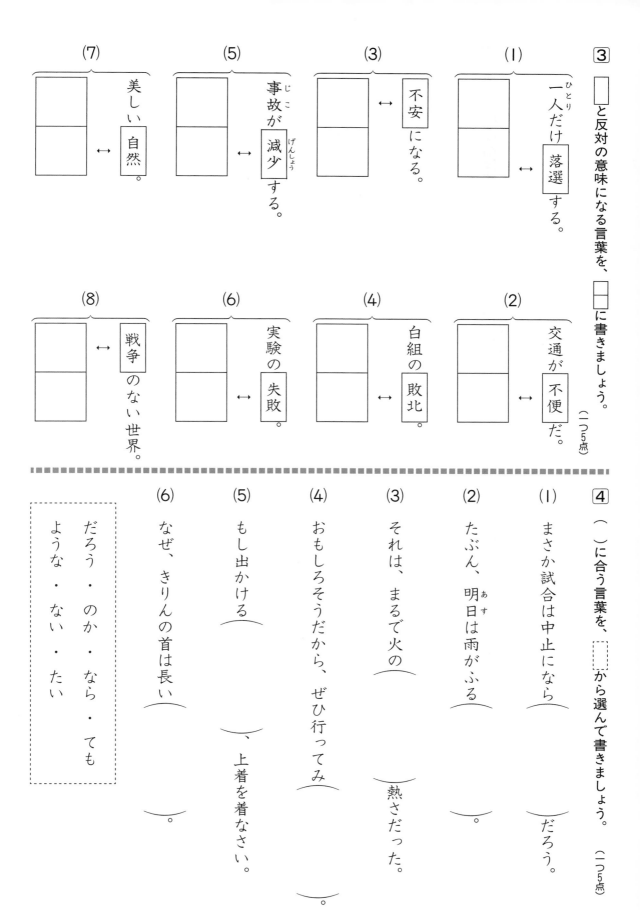

17 和語・漢語・外来語①

三つの種類の言葉

①**和語(古くから日本語として使われていた言葉)。**

例
- 人《ひと》
- 少ない
- 始める
- ゆるやか

和語は、漢字の訓読《くんよ》みの言葉で、やわらかい感じがします。

②**漢語(昔、中国から入った言葉や、日本で漢字を組み合わせて作った音読《おんよ》みの言葉)。**

例
- 人物
- 公園
- 感想文
- 研究発表

漢語は、漢字の音読《おんよ》みの言葉で、かたい感じがします。

③**外来語(主に近代になって、世界の国々《くにぐに》から入った言葉や、日本で外国語をもとに作られた言葉)。**

例
- パン
- ゴム
- テレビ
- キャンプ

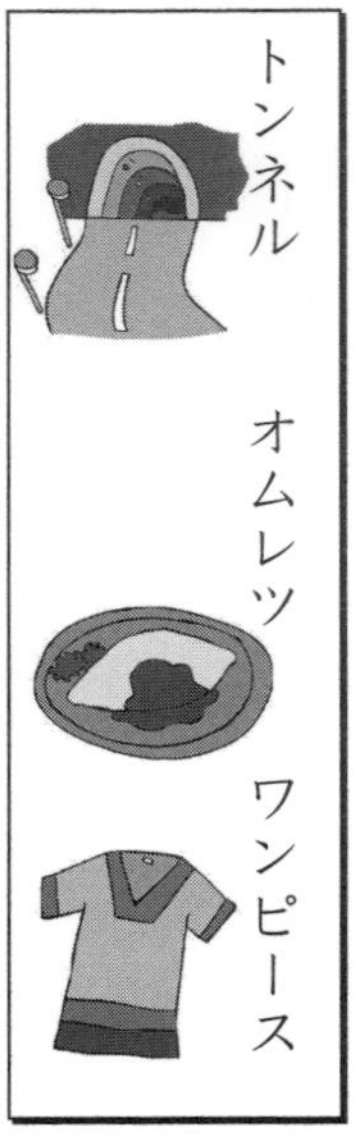

外来語は、ふつうカタカナ(かたかな)で書き表します。

1 「和語・漢語・外来語」を説明した文の{　}に合う言葉を、○で囲みましょう。(一つ3点)

(1) 「和語」は、古くから{日本・中国}で使われていた言葉です。

(2) 「漢語」は、昔、{日本・中国}から入った言葉や、日本で漢字を組み合わせて作った音読《おんよ》みの言葉です。

(3) 「外来語」は、主に近代になって、{アジア・世界}の国々《くにぐに》から入った言葉で、ふつう、かたかなで書き表します。

(4) 「和語」は、漢字の{音《おん》・訓《くん》}読《よ》みの言葉で、やわらかい感じがします。

(5) 「漢語」は、漢字の音読《おんよ》みの言葉で、{やわらかい・かたい}感じがします。

得点
点

2 次の言葉で、和語には「和」、漢語には「漢」、外来語には「外」を書きましょう。（一つ3点）

(1) 信号……（　　）
(2) おにぎり……（　　）
(3) パン……（　　）
(4) オムレツ……（　　）
(5) 洋服……（　　）
(6) 少ない……（　　）
(7) 着物……（　　）
(8) 研究発表……（　　）
(9) 公園……（　　）
(10) ワンピース……（　　）
(11) 橋……（　　）
(12) キャンプ……（　　）
(13) テレビ……（　　）
(14) ゆるやか……（　　）
(15) 感想文……（　　）

3 「和語・漢語・外来語」を説明した文の（　）に合う言葉を、[　　]から選んで書きましょう。（一つ5点）

(1) 「和語」は、古くから①（　　）として使われていた言葉です。漢字の②（　　）読《よ》みの言葉で、③（　　）感じがします。

(2) 「漢語」は、昔、①（　　）から入った言葉です。漢字の②（　　）読《よ》みの言葉で、③（　　）感じがします。

(3) 「外来語」は、主に近代になって、①（　　）の国々《くにぐに》から入った言葉で、ふつう②（　　）で書き表します。

中国・音《おん》・世界・日本語・訓《くん》
かたい・やわらかい・かたかな

18 和語・漢語・外来語②

言葉の感じのちがい

和語・漢語・外来語では、それぞれ同じことがらを表していても、言葉から受ける印象がちがうことがあります。

宿屋《やどや》（和語）

旅館《りょかん》（漢語）

ホテル（外来語）

三つとも、人が宿《しゅく》はくするしせつのことですが、例えば「宿屋」は親しみやすい感じで、「旅館」は和風の建物、「ホテル」は洋風のビルというように、それぞれの印象がちがいます。

例

- くだもの（和語）・果実《かじつ》（漢語）・フルーツ（外来語）
- おどり（和語）・ダンス（外来語）
- 昼飯《ひるめし》（和語）・昼食《ちゅうしょく》（漢語）・ランチ（外来語）
- 試験《しけん》（漢語）・テスト（外来語）

1 次の□に合う言葉を書いて、表を完成させましょう。（一つ5点）

和語	漢語	外来語
宿屋	(1)	(2)
(3)	果実	(4)
昼飯	(5)	(6)

2 次の和語と漢語のうち、□にふつう和語のほうしか使わない文に、○をつけましょう。（一つ6点）

(1) 道《みち》（和語）・道路《どうろ》（漢語）

（　）駅前の□の工事が始まる。

（　）しょう来《らい》は、音楽の□に進みたい。

(2) 男《おとこ》（和語）・男性《だんせい》（漢語）

（　）荷物を運ぶときは、□手《で》が必要です。

（　）姉は、□に交じって試合に出場した。

得点

点

言葉の使い方のちがい

和語と漢語では、似《に》ている言葉でも、同じように言いかえられない場合もあります。

〇人《ひと》はさると同じ仲間だ。
〇人間《にんげん》はさると同じ仲間だ。

〇人《ひと》当たりのいい子。
×人間《にんげん》当たりのいい子。

上の文では、「人」でも「人間」でも同じ意味で使えますが、下の文では、「人間」は使えません。

言葉の組み立て

言葉には、次の六通りの組み合わせがあります。

①和語＋和語　例　花畑《はなばたけ》・筆箱《ふでばこ》・植木《うえき》・食《た》べ物《もの》
②漢語＋漢語　例　音楽会《おんがくかい》・図書委員《としょいいん》・記念写真《きねんしゃしん》
③外来語＋外来語　例　ヘアースプレー・ジャングルジム
④和語＋漢語　例　手帳《てちょう》・雨具《あまぐ》・茶色《ちゃいろ》・洋間《ようま》
⑤和語＋外来語　例　輪《わ》ゴム・ボール紙《がみ》・オレンジ色《いろ》
⑥漢語＋外来語　例　メモ用紙《ようし》・食《しょく》パン・海外《かいがい》ニュース

3　次の組み立てに合う言葉を、［　］から選んで、記号を書きましょう。（一つ5点）

(1) 和語＋和語……（　　）・（　　）
(2) 和語＋漢語……（　　）・（　　）
(3) 和語＋外来語……（　　）・（　　）
(4) 漢語＋外来語……（　　）・（　　）

［㋐筆箱　㋑輪ゴム　㋒手帳　㋓メモ用紙　㋔洋間　㋕食パン　㋖植木　㋗ボール紙］

4　――の言葉を、〈　〉の言葉に書きかえます。［　］から選んで書きましょう。（一つ6点）

(1) 季節のフルーツ。〈和語〉（　　　）
(2) 台所で料理を作る。〈外来語〉（　　　）
(3) テストの勉強。〈漢語〉（　　　）

［試験　・　くだもの　・　野菜　・　キッチン］

19 言葉の組み立て①

複合語《ふくごうご》の組み立て

二つ以上の言葉が組み合わさって、一つの言葉になったものを「複合語《ふくごうご》」といい、次のような組み合わせがあります。

①和語＋和語

口《くち》  ＋ 笛《ふえ》  → 口笛《くちぶえ》 

覚えよう

- 親＋子→親子
- 夏＋休む→夏休み
- 話す＋合う→話し合う
- たから＋物→たから物
- 細い＋長い→細長い
- 見る＋上げる→見上げる

②漢語＋漢語

運動《うんどう》  ＋ 場《じょう》  → 運動場《うんどうじょう》 

覚えよう

- 外国《がいこく》＋人《じん》→外国人《がいこくじん》
- 大《だい》＋都市《とし》→大都市《だいとし》
- 学芸《がくげい》＋会《かい》→学芸会《がくげいかい》
- 家族《かぞく》＋旅行《りょこう》→家族旅行《かぞくりょこう》

1 次の言葉を組み合わせて、一つの言葉を作りましょう。（(1)〜(5)一つ6点、(6)(7)一つ7点）

(1) たから＋物→たから物

(2) 外国＋人→

(3) 勉強＋部屋《へや》→

(4) ビデオ＋カメラ→

(5) 紙＋コップ→

(6) ソーダ＋水→

(7) 話す＋合う→

得点　　点

③外来語＋外来語

フランス  ＋ パン  → フランスパン 

覚えよう
- ビデオ＋カメラ→ビデオカメラ
- テニス＋ラケット→テニスラケット

④和語＋漢語

休む  ＋ 時間《じかん》  → 休み時間《じかん》 

覚えよう
- 期限《きげん》＋切れる→期限切《きげんぎ》れ
- 勉強《べんきょう》＋部屋《へや》→勉強部屋《べんきょうべや》

⑤和語＋外来語

紙《かみ》  ＋ コップ  → 紙《かみ》コップ 

覚えよう
- ハート＋形《かた》→ハート形《がた》
- 消す＋ゴム→消しゴム

⑥漢語＋外来語

メモ  ＋ 用紙《ようし》 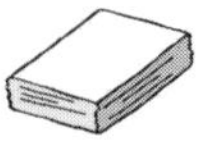 → メモ用紙《ようし》 

覚えよう
- ソーダ＋水《すい》→ソーダ水《すい》
- 食《しょく》＋パン→食《しょく》パン

2 □にあてはまる言葉を書きましょう。（一つ7点）

(1) 夏 ＋ 休む → 夏休み

(2) テニス ＋ ラケット → □

(3) 運動 ＋ □ → 運動場

(4) 細い ＋ 長い → □

(5) 休む ＋ □ → 休み時間

(6) □ ＋ 上げる → 見上げる

(7) メモ ＋ □ → メモ用紙

(8) 消す ＋ ゴム → □

20

言葉の組み立て②

音《おん》が変わる言葉

複合語《ふくごうご》になるとき、元の言葉と音《おん》が変わるものがあります。

め ＋ くすり
（目）（薬）
→ ○めぐすり ×めくすり

かね ＋ ぐ
（金）（具）
→ ○かなぐ ×かねぐ

「くすり」は、「く」がにごって「ぐ」に変わります。
「かね」は、「ね」が「な」に変わります。

覚えよう

- むかし ＋ はなし → むかしばなし（昔話）
- うで ＋ とけい → うでどけい（うで時計《どけい》）
- みる ＋ くるしい → みぐるしい（見苦しい）
- わらう ＋ かお → わらいがお（笑い顔）
- しろ ＋ なみ → しらなみ（白波）
- かぜ ＋ くるま → かざぐるま（風車）
- あめ ＋ くつ → あまぐつ（雨ぐつ）

1 組み合わせた言葉で、正しいほうを○で囲みましょう。（一つ2点）

(1) 白 ＋ 波 → { しろなみ / しらなみ }

(2) 花 ＋ 畑 → { はなはたけ / はなばたけ }

(3) 金 ＋ あみ → { かねあみ / かなあみ }

(4) 柱 ＋ 時計《とけい》 → { はしらとけい / はしらどけい }

(5) 笑う ＋ 顔 → { わらいがお / わらうかお }

(6) 米 ＋ 俵《たわら》 → { こめだわら / こめたわら }

得点 点

2 □にあてはまる言葉を、ひらがなで書きましょう。（一つ5点）

(1) かぜ ＋ むき → かざむき

(2) むかし ＋ はなし → □

(3) □ ＋ くも → あまぐも

(4) ながい ＋ くつ → □

(5) □ ＋ そこ → ふなぞこ

(6) くすり ＋ □ → くすりばこ

(7) みる ＋ □ → みぐるしい

(8) □ ＋ くるま → かざぐるま

3 次の言葉を組み合わせて、一つの言葉を作り、ひらがなで書きましょう。（一つ6点）

(1) 金 ＋ 物 → かなもの

(2) 薬 ＋ 箱 → □□□□□

(3) 白 ＋ 波 → □□□□

(4) 雨 ＋ 雲 → □□□□

(5) うで ＋ 時計《とけい》 → □□□□□

(6) 船《ふね》 ＋ 底《そこ》 → □□□□

(7) 風 ＋ 車《くるま》 → □□□□□

(8) 米 ＋ 俵《たわら》 → □□□□□

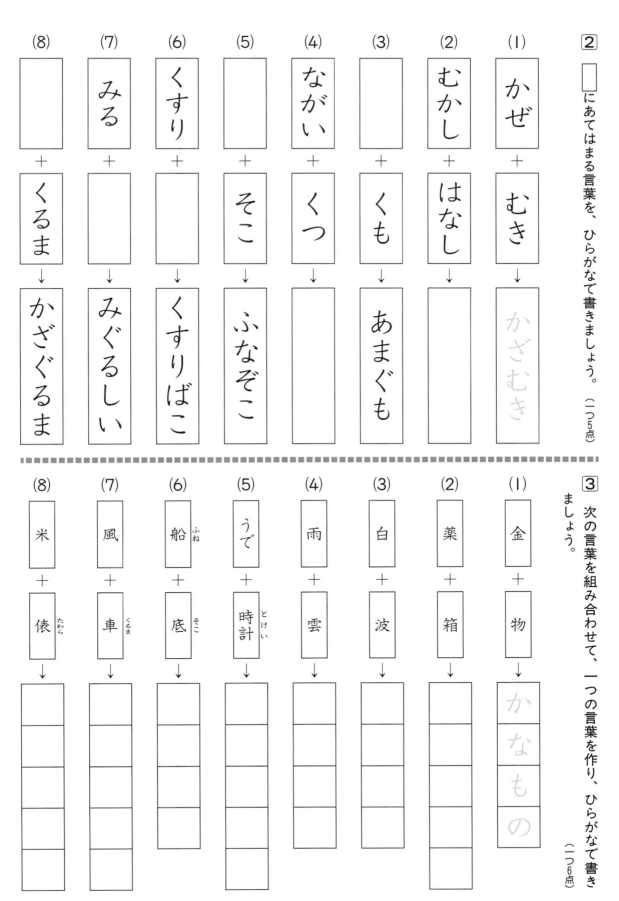

21 決まった言い方をする言葉①

慣用句《かんようく》①

二つ以上の言葉が結びついて、ある特別の意味を表すようになった言葉を「慣用句《かんようく》」といいます。

口が軽い
（話してはいけないことまで話す。）
口をそろえる
（おおぜいの人が同じことを言う。）
口をはさむ
（わりこんでしゃべる。）

慣用句《かんようく》には、「口」以外にも、体の部分の言葉を使ったものが、たくさんあります。

覚えよう

- 手がかかる（それをするのに、時間や労力が必要である。）
  手に入れる（自分のものにする。）
- 足を運ぶ（わざわざ出かけていく。）
  足がぼうになる（長く歩いたりして、足がひどくつかれる。）
- むねがいたむ（かわいそうに思って、悲しく感じる。）
  むねをなで下ろす（心配ごとがなくなって、安心する。）

1 下の意味の慣用句《かんようく》になるように、合うほうを〇で囲みましょう。（⑴⑵一つ4点、⑶〜⑹一つ5点）

⑴ ｛(口)・目｝が軽い…話してはいけないことまで話す。

⑵ ｛口・手｝に入れる…自分のものにする。

⑶ ｛顔・足｝を運ぶ…わざわざ出かけていく。

⑷ ｛むね・歯｝がいたむ…かわいそうに思って、悲しく感じる。

⑸ ｛むね・耳｝にする…たまたま聞く。

⑹ ｛顔・手｝が広い…たくさんの人に知られている。

得点　　点

2 次の慣用句《かんようく》の意味に合うものを□から選んで、記号を書きましょう。（一つ5点）

(1) 口をはさむ……（イ）

(2) 手がかかる……（　）

(3) 足がぼうになる……（　）

(4) むねをなで下ろす……（　）

(5) 耳をかたむける……（　）

(6) 歯をくいしばる……（　）

ア くやしさやいかりを、じっとがまんする。
イ わりこんでしゃべる。
ウ 心配ごとがなくなって、安心する。
エ 長く歩いたりして、足がひどくつかれる。
オ 注意して熱心に聞く。
カ それをするのに、時間や労力が必要である。

3 （　）に合う言葉を□から選んで、下の意味に合う慣用句《かんようく》を作りましょう。（一つ6点）

(1)（手）がかかる…それをするのに、時間や労力が必要である。

(2)（　）をそろえる…おおぜいの人が同じことを言う。

(3)（　）をかたむける…注意して熱心に聞く。

(4)（　）がぼうになる…長く歩いたりして、足がひどくつかれる。

(5)（　）がいたむ…かわいそうに思って、悲しく感じる。

(6)（　）をくいしばる…くやしさやいかりを、じっとがまんする。

(7)（　）が広い…たくさんの人に知られている。

口・手・足・むね・顔・耳・歯

22 決まった言い方をする言葉②

慣用句《かんようく》②

慣用句《かんようく》は、21回（42ページ）で取り上げたもののほかに、動物や道具などの言葉を使ったものもあります。

絵のうまさに、かぶとをぬぐ。
（負ける。こうさんする。）
英語が覚えられなくて、さじを投げる。
（見こみがないとあきらめる。）
相手の思うつぼにはまる。
（期待どおりになる。）

覚えよう

- 板につく（仕事などが、その人にすっかりなじむ。）
- お茶をにごす（いい加減《かげん》なことを言って、その場をごまかす。）
- 白羽《しらは》の矢が立つ（たくさんある中から特に選び出される。）
- 大ぶろしきを広げる（大げさなことを言う。）
- てこでも動かない（どんなことをしても動かない。絶対《ぜったい》言うことをきかない。）
- 馬が合う（たがいに気が合う。）
- ねこをかぶる（本性《ほんしょう》をかくして、おとなしそうに見せる。）
- ふくろのねずみ（周りを囲まれて、にげ場がないこと。）

1 下の意味の慣用句《かんようく》になるように、合うほうの言葉を〇で囲みましょう。（一つ3点）

(1) ｛かぶと／げた｝をぬぐ…負ける。こうさんする。

(2) ｛席／板｝につく…仕事などが、その人にすっかりなじむ。

(3) ｛電池／てこ｝でも動かない…どんなことをしても動かない。

(4) ｛思う／重い｝つぼ…期待どおりになる。

(5) ｛本／さば｝を読む…自分に都合がいいように、数をごまかす。

(6) ｛犬／馬｝が合う…たがいに気が合う。

得点　　点

2 （　）に合う言葉を［　］から選んで、下の意味に合う慣用句《かんようく》を作りましょう。（一つ6点）

(1)（ねこ）をかぶる…本性《ほんしょう》をかくして、おとなしそうに見せる。

(2)（　）を広げる…大げさなことを言う。

(3)（　）が合う…たがいに気が合う。

(4)（　）の矢が立つ…たくさんある中から特に選び出される。

(5)（　）をにごす…いい加減《かげん》なことを言って、その場をごまかす。

(6)（　）のねずみ…周りを囲まれて、にげ場がないこと。

(7)（　）を投げる…見こみがないとあきらめる。

ねこ・ふくろ・白羽《しらは》・馬
さじ・お茶・大ぶろしき

3 （　）に合う慣用句《かんようく》を［　］から選んで、記号を書きましょう。（(1)(2)一つ6点、(3)〜(6)一つ7点）

(1) 姉の制服《せいふく》すがたが（イ）。

(2) リレーの選手を決めるとき、ぼくに（　）。

(3) 友達《ともだち》といるときとちがい、先生の前では（　）。

(4) 犯人《はんにん》は追いつめられて、（　）になった。

(5) 帰りがおそくなった理由を聞かれたが、（　）。

(6) 兄は一度決めたら、（　）。

ア お茶をにごした
イ 板についてきた
ウ てこでも動かない
エ ねこをかぶる
オ 白羽《しらは》の矢が立った
カ ふくろのねずみ

23 決まった言い方をする言葉③

ことわざ①

昔から人々の間で言い伝えられてきた言葉を、「ことわざ」といいます。

ことわざは、ふだんの生活に役立つ教訓や知識《ちしき》などを、短い言葉で表したものです。

覚えよう

- 頭《あたま》かくしてしりかくさず（悪いことなどをかくしたつもりでいても、かくしきれずにわかってしまうこと。）
- 雨《あめ》ふって地固《じかた》まる（もめごとがあった後、かえって前よりよくなること。）
- 石橋《いしばし》をたたいてわたる（とても用心深いことのたとえ。）
- おにに金《かな》ぼう（強いものが、さらに強さを増《ま》すこと。）
- おにの目《め》にもなみだ（ふだんはおにのように冷たい人でも、ときにはやさしい心になること。）

1 下の意味のことわざになるように、合うほうを◯で囲みましょう。（(1)(2)一つ4点、(3)〜(6)一つ5点）

(1) ｛つる／はと｝の一声…［多くの人をしたがわせる力がある人のひと言。］

(2) ｛歩道／石橋｝をたたいてわたる…［とても用心深いことのたとえ。］

(3) ｛おに／かに｝に金《かな》ぼう…［強いものが、さらに強さを増《ま》すこと。］

(4) ｛雪／雨｝ふって地固まる…［もめごとがあった後、かえって前よりよくなること。］

(5) ｛頭／顔｝かくしてしりかくさず…［かくしたつもりでも、かくしきれずにわかってしまうこと。］

(6) ｛兄弟／どんぐり｝のせい比《くら》べ…［どれも同じぐらいで変わらないこと。］

得点　　点

2 次のことわざの意味に合うものを[　]から選んで、記号を書きましょう。（一つ6点）

(1) 石の上にも三年……（　）

(2) おにに金《かな》ぼう……（　）

(3) つるの一声……（　）

(4) おにの目にもなみだ……（　）

(5) 石橋をたたいてわたる……（　）

(6) 雨ふって地固まる……（　）

ア　もめごとの後、かえって前よりよくなること。
イ　多くの人をしたがわせる力がある人のひと言。
ウ　しんぼう強くやりぬけば、いつか成功すること。
エ　冷たい人でも、ときにはやさしい心になること。
オ　強いものが、さらに強さを増《ま》すこと。
カ　とても用心深いことのたとえ。

---

3 ことわざと、その意味に合うように、（　）に合う言葉を[　]から選んで書きましょう。（一つ6点）

(1) （①　）かくしてしりかくさず…悪いことなどを（②　）つもりでも、かくしきれずにわかってしまうこと。

(2) （①　）の目にもなみだ…ふだんは心がとても冷たい人でも、ときには（②　）心になること。

(3) （①　）の上にも三年…しんぼう強くやりぬけば、いつかは（②　）するというたとえ。

おに・石・成功・頭
やさしい・かくした

24 決まった言い方をする言葉④

ことわざ②

ことわざは、23回(46ページ)で取り上げたほかにも、たくさんあります。中には、よく似《に》た意味のことわざもあります。

馬《うま》の耳《みみ》に念仏《ねんぶつ》

（いくら言ってもききめがないこと。）

のれんにうでおし

（なんの手ごたえも、ききめもないこと。）

この二つのことわざの意味は、よく似《に》ています。

覚えよう

- ねこに小判《こばん》／ぶたに真《しん》じゅ（どんなにすばらしいものでも、ねうちのわからない人には、なんの役にも立たないこと。）
- さるも木《き》から落《お》ちる／かっぱの川流《かわなが》れ（どんな名人でも、失敗することがあるというたとえ。）
- たなからぼたもち／ひょうたんからこま（思いがけない幸運を手に入れたり、思いもよらないことが実際《じっさい》に起こったりすること。）

1 下の意味のことわざになるように、合うほうを◯で囲みましょう。 （(1)(2)一つ4点、(3)〜(6)一つ5点）

(1) ｛ねこ／さる｝に小判《こばん》……［どんなにすばらしいものでも、ねうちのわからない人には、なんの役にも立たないこと。］

(2) ｛ぶた／馬｝の耳に念仏《ねんぶつ》……［いくら言ってもききめがないこと。］

(3) ｛たな／なべ｝からぼたもち……［思いがけない幸運を手に入れること。］

(4) ｛のれん／鉄ぼう｝にうでおし……［なんの手ごたえも、ききめもないこと。］

(5) ｛小船／かっぱ｝の川流れ……［どんな名人でも、失敗することがあるというたとえ。］

(6) ｛ひょうたん／へちま｝からこま……［思いもよらないことが実際《じっさい》に起こること。］

得点　　点

2 ことわざと、その意味に合うように、（　）に合う言葉を［　］から選んで書きましょう。（一つ6点）

(1) ①（　　）**も木から落ちる**…どんな名人でも②（　　）することがあるということ。

(2) **ぶたに**①（　　）…どんなにすばらしいものでも、ねうちのわからない人には、②（　　）に立たないこと。

(3) **ひょうたんから**①（　　）…思いもよらないことが、実際《じっさい》に②（　　）こと。

こま・真《しん》じゅ
さる・起こる
失敗・役

3 次の意味に合うことわざを、［　］から二つずつ選んで、記号を書きましょう。（一つ6点）

(1) ききめがないこと。……（　）・（　）

(2) どんな名人でも、失敗することがあること。……（　）・（　）

(3) どんなすばらしいものでも、ねうちのわからない人には、なんの役にも立たないこと。……（　）・（　）

ア 馬の耳に念仏《ねんぶつ》
イ ぶたに真《しん》じゅ
ウ かっぱの川流れ
エ のれんにうでおし
オ さるも木から落ちる
カ ねこに小判《こばん》

25 復習《ふくしゅう》ドリル③

1 次の言葉で、和語には「和」、漢語には「漢」、外来語には「外」を書きましょう。（一つ2点）

(1) 人物……（　　）
(2) ゴム……（　　）
(3) 感想文……（　　）
(4) 人《ひと》……（　　）
(5) 少ない……（　　）
(6) 始める……（　　）
(7) テレビ……（　　）
(8) 昼飯《ひるめし》……（　　）
(9) 洋服……（　　）
(10) 弁当《べんとう》……（　　）
(11) 宿屋……（　　）
(12) フルーツ……（　　）
(13) トンネル……（　　）
(14) 果実……（　　）

2 次の言葉を組み合わせて、一つの言葉を作り、ひらがなで書きましょう。（一つ3点）

(1) 長い＋くつ→□□□□
(2) 風＋向き→□□□□
(3) 雨＋くつ→□□□□
(4) 白＋波→□□□□
(5) 風＋車《くるま》→□□□□□
(6) 金＋あみ→□□□□
(7) 笑う＋顔→□□□□□

得点　　点

3 ことわざと、その意味に合うように、（　）に合う言葉を[ ]から選んで書きましょう。（一つ5点）

(1) ①（　　）ふって地固まる…②（　　）の後、かえって前よりよくなること。

(2) ①（　　）の目にもなみだ…ふだんは心がとても冷たい人でも、ときには②（　　）心になること。

(3) ①（　　）の一声…多くの人をしたがわせる②（　　）のある人のひと言。

つる・雨・おに
やさしい・力・もめごと

4 （　）に合う言葉を[ ]から選んで、下の意味に合う慣用句《かんようく》を作りましょう。（一つ3点）

(1)（　　）がいたむ…かわいそうに思って悲しく感じる。

(2)（　　）をそろえる…おおぜいの人が同じことを言う。

(3)（　　）がかかる…それをするのに、時間や労力が必要である。

(4)（　　）を運ぶ…わざわざ出かけていく。

(5)（　　）が広い…たくさんの人に知られている。

(6)（　　）をくいしばる…くやしさやいかりを、じっとがまんする。

(7)（　　）をかたむける…注意して熱心に聞く。

歯・手・耳・顔・足・口・むね

26 同じ部首の漢字①

漢字の部首①

いくつもの漢字に共通している部分を、「部首」といいます。

部分の名前
▼
へん … イ（にんべん）▲部首の名前
仲・伝・仮・件・任・似・価・保

例
● 扌（てへん）…折・技・招・採・授・接・提・損
● 氵（さんずい）…浅・清・河・液・混・減・測
● 言（ごんべん）…説・許・設・証・評・講・謝
● 土（つちへん）…地・場・坂・塩・均・境・増

つくり … 力（ちから）
助・動・功・効

例
● 刂（りっとう）…列・別・刷・刊・判・制・則
● 攵（のぶん・ぼくづくり／ぼくにょう）…改・敗・散・故・政・救

かんむり … 宀（うかんむり）
安・完・官・害・富・察・容・寄

例
● ⺮（たけかんむり）…箱・筆・管・笑・節・築

※部首の名前は、漢字辞典によってことなることがあります。

1 次の部首をもつ漢字を書きましょう。（(1)～(3)一つ2点、(4)～(6)一つ3点）

(1) 力 … 自《じ》［動］《どう》車に乗る。有《ゆう》［交］《こう》期《き》限《げん》。

(2) 氵 … 塩を［昆］《ま》ぜた［夜］《えき》体《たい》を用意する。

(3) ⺮ … 建《けん》［築］《ちく》用《よう》の材料を保《ほ》［官］《かん》する。

(4) 扌 … ［受］《じゅ》業《ぎょう》の後でノートを［是］《てい》出《しゅつ》する。

(5) 攵 … 解《かい》［昔］《さん》後《ご》、［己］《あらた》めて集まる。

(6) 宀 … 近くに［奇］《よ》って［谷］《よう》器《き》を見る。

得点
点

2 次の部首をもつ漢字を書きましょう。（一つ2点）

(1) 氵…【戋】《あさ》くて【青】《きよ》い川の流れ。

(2) イ…【西】《か》値《ち》のある物に【呆】《ほ》険《けん》をかける。

(3) 土…環《かん》【竟】《きょう》にやさしい自動車が【曽】《ふ》える。

(4) 言…心から【射】《あやま》ると、【午】《ゆる》してくれた。

(5) 宀…【女】《あん》心《しん》して飲める水が豊《ほう》【畐】《ふ》にある。

(6) 刂…車のスピードを【⿱𠂉巾】《せい》限《げん》する規《き》【貝】《そく》。

(7) 攵…事《じ》【古】《こ》のけが人を【求】《きゅう》助《じょ》する。

3 同じ部首の漢字を書きましょう。（一つ3点）

(1) とう明《めい》な【宀】《よう》器《き》に虫を入れて観《かん》【宀】《さつ》する。

(2) 【扌】《じゅ》業中《ぎょうちゅう》にプリントを【扌】《てい》出《しゅつ》する。

(3) ある【攵】《せい》党《とう》が選挙で【攵】《やぶ》れる。

(4) 二つの【氵】《えき》体《たい》を【氵】《ま》ぜると白くにごった。

(5) すぐに【言】《あやま》って、相手に【言】《ゆる》してもらう。

(6) 高《こう》【イ】《か》な品物を金庫に【イ】《ほ》管《かん》する。

(7) 規《き》【刂】《そく》によって、車の数を【刂】《せい》限《げん》する。

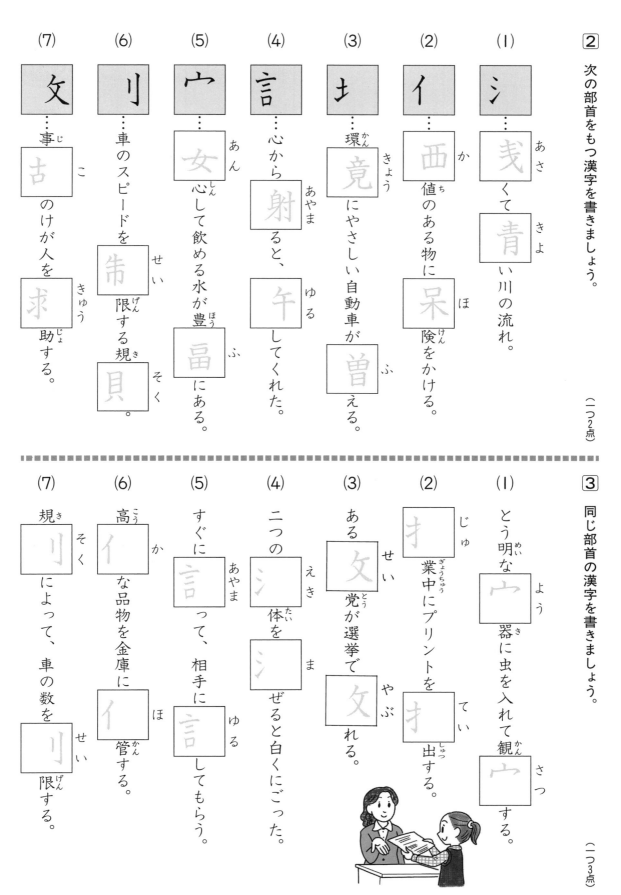

27 同じ部首の漢字②

漢字の部首②

26回（52ページ）のほかにも、漢字の部首には、次のようなものがあります。

部分の名前▼

部分の名前	部首	部首の名前	漢字
あし	心	（こころ）▲部首の名前	感・想・念・応・志・態
たれ	广	（まだれ）	庫・庭・度・康・底・府・序
にょう	辶	（しんにょう・しんにゅう）	辺・述・逆・迷・造・過・適
かまえ	囗	（くにがまえ）	図・国・園・固・因・団・囲

例 ● 儿（ひとあし）…先・兄・元・光・児

例 ● 行（ぎょうがまえ・ゆきがまえ・いく）…行・街・術・衛

● 冂（どうがまえ）…円・内・再

※部首の名前は、漢字辞典によってことなることがあります。

1 次の部首をもつ漢字を書きましょう。（(1)〜(3)一つ2点、(4)〜(6)一つ3点）

(1) 心…咸《かん》じのよい能《たい》度《ど》。

(2) 广…順《じゅん》予《じょ》よく車《しゃ》車《こ》に入れる。

(3) 辶…道に米《まよ》い、店の前を通り咼《す》ぎる。

(4) 囗…周《しゅう》井《い》に寸《だん》体客《たいきゃく》が多かった。

(5) 行…市《し》圭《がい》地《ち》に美《び》朮《じゅつ》館《かん》がある。

(6) 冂…会社《かいしゃ》内《ない》では、再《さい》生紙《せいし》を使う。

得点　　点

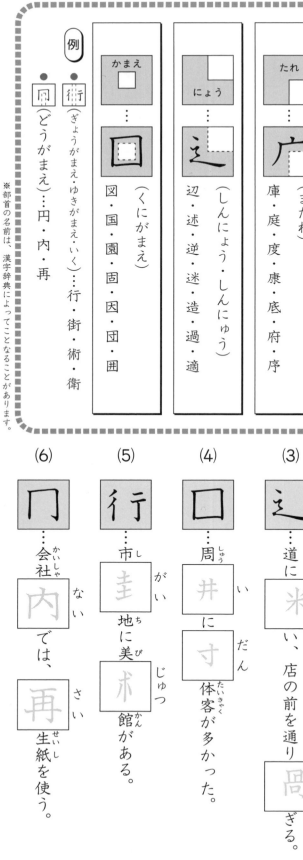

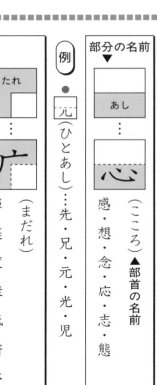

2 次の部首をもつ漢字を書きましょう。（一つ2点）

(1) 心…強い意《い》士《し》で信《しん》今《ねん》をつらぬく。

(2) 广…適《てき》艾《ど》な運動は、健《けん》隶《こう》によい。

(3) 辶…快《かい》商《てき》な木《もく》告《ぞう》の家に住む。

(4) 口…応《おう》えん寸《だん》が、選手の周りを井《かこ》む。

(5) 行…美《び》朮《じゅつ》館《かん》の前の圭《がい》路樹《ろじゅ》。

(6) 冂…本の内《ない》容《よう》を再《さい》度《ど》読んで理《り》解《かい》する。

(7) 儿…旧《じ》童公園《どうこうえん》で二《げん》気《き》に遊ぶ。

3 同じ部首の漢字を書きましょう。（一つ3点）

(1) 心《かん》謝《しゃ》の気持ちを心《たい》度《ど》で示《しめ》す。

(2) 順《じゅん》广《じょ》よく車《しゃ》广《こ》に入る。

(3) 交差点を通《とお》り辶《す》ぎたら、道に辶《まよ》ってしまった。

(4) 木《もく》辶《ぞう》の家は、快《かい》辶《てき》だ。

(5) 美《び》行《じゅつ》館《かん》の前に、美しい行《がい》路《ろ》樹《じゅ》がある。

(6) 本の冂《ない》容《よう》を冂《さい》度《ど》読み直す。

(7) 儿《あに》は、儿《じ》童《どう》会《かい》の役員をしていた。

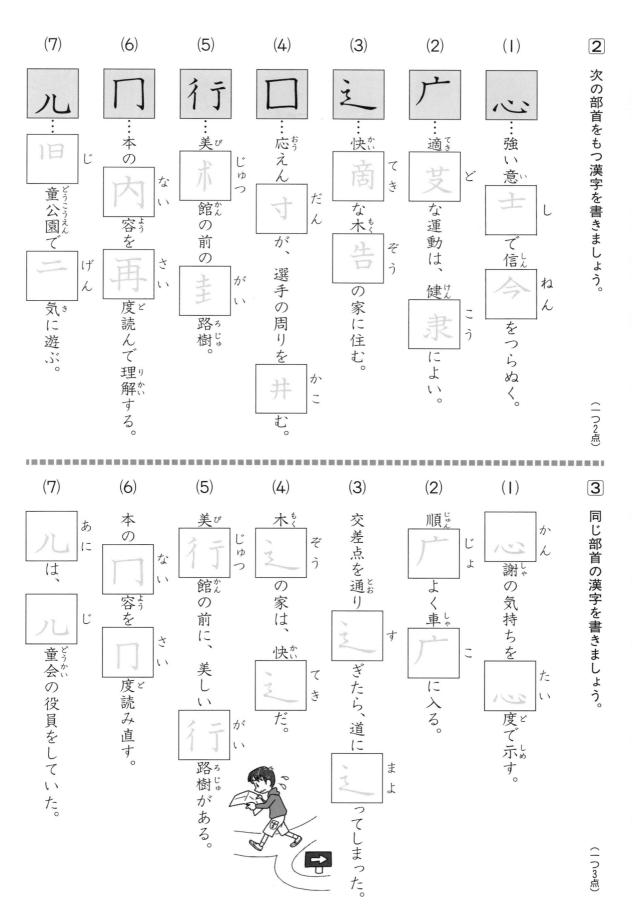

28 漢字辞典の使い方①

漢字辞典からわかること

漢字辞典(漢和辞典)を引くと、漢字の音訓の読み方や、成り立ち、意味、部首、画数、使い方などがわかります。

①部首

漢字を分類してならべるときの目印となる共通する部分の形です。

例

女(おんなへん)…姉・妹・委・始
好・妻・婦

广(まだれ)…店・庫・庭・度
康・底・府・序

イ(にんべん)…位・健
借・信・側・仲
低・伝・働・付
便・例

イ

↑この部分が、共通する部首です。

②画数

漢字を組み立てているひと筆で書く部分を「**画**」といいます。折れる部分や曲がる部分も一画として数えます。

また、漢字一字の画数をすべて数えたものを「**総画数**《そうかくすう》」といいます。

女→3画　阝→3画
辶→3画　氏→4画
田→5画　癶→5画
門→8画　隹→8画

※部首の名前は、漢字辞典によってことなることがあります。

1 次の漢字の部首を、[ ]から選んで書きましょう。(一つ4点)

(1) 位
(2) 好
(3) 底
(4) 課
(5) 貨
(6) 芽
(7) 囲
(8) 改
(9) 塩
(10) 泣

イ・广・囗・言・氵
女・貝・土・艹・攵

得点
点

2 次の漢字の部首を□に、部首の画数を（　）に書きましょう。（一つ3点）

〈例〉委　部首：女　部首の画数：（3）画

(1) 灯　□・（　）画

(2) 季　□・（　）画

(3) 完　□・（　）画

(4) 改　□・（　）画

(5) 庭　□・（　）画

(6) 陸　□・（　）画

3 漢字辞典に出ている順（画数の少ない順）に、番号をつけましょう。（全部できて一つ4点）

(1) 化（1）位（2）他（　）

(2) 坂（　）地（　）塩（　）

(3) 完（　）客（　）官（　）

(4) 続（　）経（　）結（　）

(5) 泳（　）深（　）温（　）海（　）

(6) 調（　）記（　）説（　）話（　）

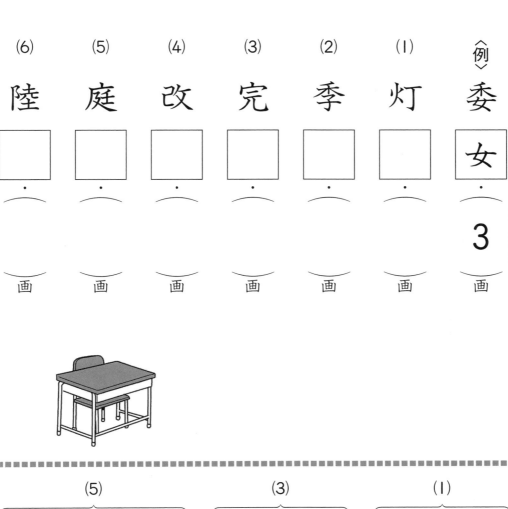

29 漢字辞典の使い方②

三つの調べ方

漢字辞典（漢和辞典）は、漢字の読み方や意味、使い方などを調べるときに使います。漢字辞典は、漢字が部首別に分類されていて、画数順にならべられています。

①部首さく引《いん》で調べる。
漢字の部首がわかっているとき、「部首さく引《いん》」で部首を見つけ、次に、部首以外の部分の画数を数えて、漢字をさがします。

②音訓さく引《いん》で調べる。
漢字の音か訓の読み方がわかっているとき、「音訓さく引《いん》」で漢字をさがします。

③総画《そうかく》さく引《いん》で調べる。
漢字の読み方も部首もわからないとき、漢字の総画数《そうかくすう》（漢字全体の画数）を数え、「総画《そうかく》さく引《いん》」で漢字をさがします。

▼部首さく引《いん》の例

一画	
一《いち》	1
丨《ぼう》	21
丶《てん》	30
三画	
口《くち　くちへん》	168
囗《くにがまえ》	183
土《つち　つちへん》	199

▼音訓さく引《いん》の例

あ		
アイ	愛	370
あい	相	642
あいだ	間	820
あう	会	44
	合	101
あお	青	836
あか	赤	795

▼総画《そうかく》さく引《いん》の例

一画	
一	1
二画	
七	9
三画	
下	11
三	12
上	14
四画	
不	17
中	23
予	32

1 次のようなとき、漢字辞典のどのさく引《いん》を使って調べますか。[　　]から選んで、記号を書きましょう。（⑴⑵一つ3点、⑶〜⑹一つ4点）

⑴ 漢字の読み方がわかるとき。……（　　）

⑵ 漢字の部首がわかるとき。……（　　）

⑶ 漢字の部首も読み方もわからないとき。……（　　）

⑷ 「採」の部首「扌（てへん）」を知っているとき。……（　　）

⑸ 「採」の音読み「サイ」を知っているとき。……（　　）

⑹ 「採」の部首も読み方も知らないので、総画数《そうかくすう》で調べるとき。……（　　）

ア 部首さく引《いん》
イ 音訓さく引《いん》
ウ 総画《そうかく》さく引《いん》

得点　　点

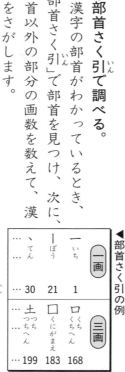

2 次の漢字の総画数《そうかくすう》を（　）に数字で書きましょう。（一つ3点）

(1) 英（8）画
(2) 以（　）画
(3) 衣（　）画
(4) 希（　）画
(5) 芸（　）画
(6) 径（　）画

3 次の漢字の部首の画数を（　）に数字で書きましょう。（一つ4点）

(1) 便（2）画
(2) 達（　）画
(3) 隊（　）画
(4) 照（　）画
(5) 種（　）画
(6) 祝（　）画

4 次の漢字の部首を□に、部首以外の部分の画数を（　）に書きましょう。（一つ3点）

〈例〉 国　◀部首 口・◀部首以外の部分の画数（5）画

(1) 庭　□・（　）画
(2) 郡　□・（　）画
(3) 別　□・（　）画
(4) 特　□・（　）画
(5) 例　□・（　）画
(6) 陸　□・（　）画

30 漢字のいろいろな読み方①

漢字の音と訓

漢字の読み方には、「音」と「訓」があります。

印
- 音…イン→プリントを印刷《いんさつ》する。
- 訓…しるし→矢印《やじるし》の方向に進む。

「印」の音読みは「イン」、訓読みは「しるし」です。このように、訓は、読みだけで漢字の意味がわかることがあります。

覚えよう

- 岸　音…海岸《かいがん》を歩く。　訓…岸《きし》に船が着く。
- 旗　音…日本の国旗《こっき》。　訓…旗《はた》がゆれる。
- 種　音…花の種類《しゅるい》。　訓…すいかの種《たね》。
- 幹　音…新幹線《しんかんせん》の車両。　訓…太い木の幹《みき》。
- 泳　音…水泳《すいえい》の競技《きょうぎ》。　訓…海で泳《およ》ぐ。
- 告　音…テレビの広告《こうこく》。　訓…時《じ》こくを告《つ》げる。
- 飛　音…飛行機《ひこうき》に乗る。　訓…はとが飛《と》ぶ。
- 効　音…効果《こうか》が大きい。　訓…薬が効《き》く。

1　――の漢字の読みがなを書きましょう。（一つ2点）

(1) 水《すい》泳（　　）大会。　プールで泳（　　）ぐ。

(2) 美しい海《かい》岸（　　）。　向《む》こう岸（　　）が見える。

(3) バスの運（　　）転手《てんしゅ》。　いすを運（　　）ぶ。

(4) 集合写（　　）真《しん》。　文を書《か》き写（　　）す。

(5) 労《ろう》働（　　）時間。　会社で働（　　）く。

(6) パソコンの説（　　）明書《めいしょ》。　教えを説（　　）く。

得点

点

2 ——の漢字の読みがなを書きましょう。（⑴〜⑷一つ2点、⑸〜⑻一つ3点）

⑴
印刷《さつ》工場。（　）（　）
赤い目《め》印。（　）

⑵
アメリカの国《こっ》旗。（　）（　）
旗をふる。（　）

⑶
伝言《ごん》を聞く。（　）
気持ちを伝える。（　）

⑷
熱を利用する。（　）
熱いお茶。（　）

⑸
サッカー選手《しゅ》。（　）
場所を選ぶ。（　）

⑹
結《けっ》果発表。（　）
約束を果たす。（　）

⑺
新《しん》幹線《せん》に乗る。（　）
松の木の幹。（　）

⑻
効果《か》的《てき》な表現《ひょうげん》。（　）
薬の効きめ。（　）

3 ——の漢字の読みがなを書きましょう。（一つ3点）

⑴
新商品のテレビ広告。（　）
春を告げる行事。（　）

⑵
自動車の種類が多い。（　）
花だんに花の種を植える。（　）

⑶
北海道《ほっかいどう》まで飛行機に乗る。（　）
小鳥が空を飛び回《まわ》る。（　）

⑷
周囲を見わたす。（　）
ちょうが花の周りに集まる。（　）

⑸
建国記念《きねん》の日。（　）
木造《もくぞう》の家を建てる。（　）

⑹
長方形の面積を求める。（　）
つくえに本を積み上《あ》げる。（　）

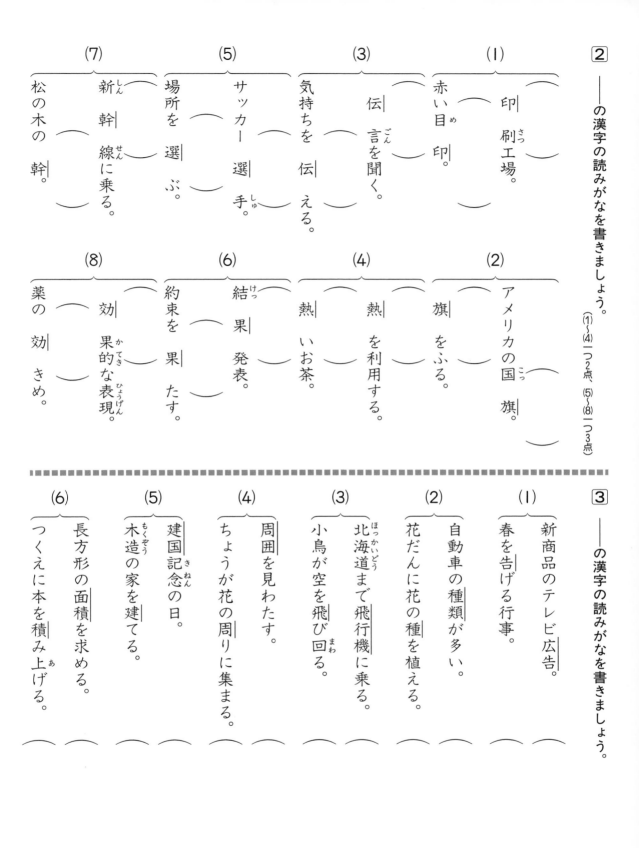

31 漢字のいろいろな読み方②

たくさんの読み方がある漢字

音や訓の読み方を、たくさんもつ漢字があります。

治

- 音
  - ジ → 政治《せいじ》家《か》が話す。
  - チ → 虫歯の治《ち》りょうをする。
- 訓
  - おさ(める) → 領土《りょうど》を治《おさ》める。
  - なお(る) → 病気が治《なお》る。

「治める」「治る」のように、送りがなに注目すると、読み方のちがいがわかります。

覚えよう

代
- 音…代表《だいひょう》。交代《こうたい》。
- 訓…代《か》わる。千代紙《ちよがみ》。

増
- 音…増加《ぞうか》。
- 訓…増《ま》す。増《ふ》える。

覚
- 音…感覚《かんかく》。
- 訓…覚《おぼ》える。目覚《めざ》まし。

重
- 音…体重《たいじゅう》。貴重品《きちょうひん》。
- 訓…重《おも》い箱。重《かさ》ねる。

省
- 音…反省《はんせい》。省略《しょうりゃく》。
- 訓…手間を省《はぶ》く。

冷
- 音…冷《れい》ぞう庫《こ》。
- 訓…冷《つめ》たい。冷《ひ》える。冷《さ》める。

1 ――の漢字の読みがなを書きましょう。（一つ2点）

(1)
- 試合を開（　　）始《し》（　　）する。
- 教科書を開（　　）く。そっと戸を開（　　）ける。

(2)
- 始業前に着（　　）席《せき》する。
- 赤い服を着（　　）る。学校に着（　　）く。

(3)
- 体《たい》重（　　）を量る。貴《き》重（　　）品《ひん》をしまう。
- 重（　　）いテーブルを運ぶ。ハンカチを重（　　）ねる。

得点
　　　点

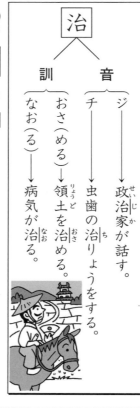

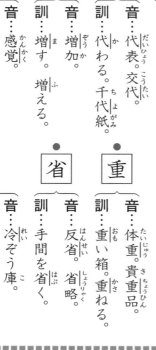

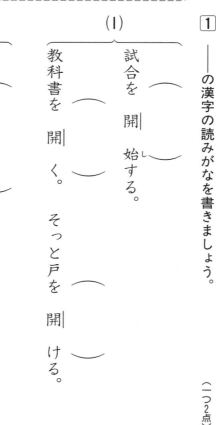

2 ――の漢字の読みがなを書きましょう。（一つ3点）

(1)
先生に（　）指（　）名《めい》される。
（　）指（　）人形《にんぎょう》で遊ぶ。ちょう上《じょう》を目《め》（　）指（　）す。

(2)
寒さで手の感《かん》（　）覚（　）がにぶる。
新しい漢字を（　）覚（　）える。目《め》（　）覚（　）まし時計《どけい》。

(3)
一日の反《はん》（　）省。あいさつ文を（　）省（　）略《りゃく》する。
時間のむだを（　）省（　）く。

(4)
市の人口が（　）増（　）加《か》する。
川の水かさが（　）増（　）す。犬の体重が（　）増（　）える。

3 ――の漢字の読みがなを書きましょう。（(1)一つ2点、(2)〜(4)一つ3点）

(1)
クラスの（　）代（　）表《ひょう》になる。選手を交《こう》（　）代（　）する。
相手が（　）代（　）わる。千《ち》（　）代（　）紙《がみ》を使う。

(2)
（　）平（　）和《わ》にくらす。（　）平（　）等《どう》にあつかう。
土地を（　）平（　）らにする。（　）平（　）泳《およ》ぎが得意《とくい》だ。

(3)
外国の政《せい》（　）治（　）家《か》。けがを（　）治（　）りょうする。
王様が国を（　）治（　）める。かぜが（　）治（　）る。

(4)
（　）冷（　）ぞう庫《こ》にしまう。（　）冷（　）たいジュース。
体が（　）冷（　）える。ふろのお湯が（　）冷（　）める。

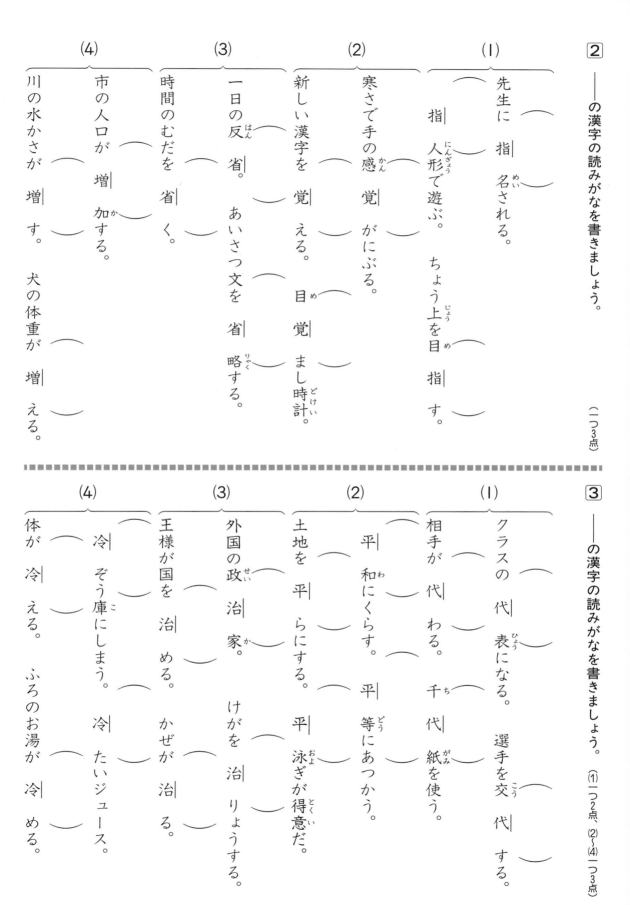

32 復習《ふくしゅう》ドリル④

1 次のようなとき、漢字辞典のどのさく引《いん》を使って調べますか。□から選んで、記号を書きましょう。（一つ4点）

(1) 漢字の読み方がわかるとき。……（　）

(2) 漢字の部首がわかるとき。……（　）

(3) 漢字の部首も読み方もわからないとき。……（　）

(4) 「志」の部首「心（こころ）」を知っているとき。（　）

(5) 「志」の音読み「シ」を知っているとき。……（　）

(6) 「志」の部首も読み方も知らないので、総画数《そうかくすう》で調べるとき。……（　）

ア 部首さく引《いん》
イ 音訓さく引《いん》
ウ 総画《そうかく》さく引《いん》

2 同じ部首の漢字を書きましょう。（一つ2点）

(1) 小さな車から順《じゅん》[广]《じょ》よく車《しゃ》[广]《こ》に入る。

(2) 快《かい》[辶]《てき》な木《もく》[辶]《ぞう》の家に住む。

(3) 事《じ》[攵]《こ》のけが人を[攵]《きゅう》助《じょ》する。

(4) [扌]《じゅ》業中《ぎょうちゅう》にプリントを[扌]《てい》出《しゅつ》する。

(5) 二つの[氵]《えき》体《たい》を[氵]《ま》ぜると白くにごった。

(6) とう明《めい》な[宀]《よう》器《き》に虫を入れて観《かん》[宀]《さつ》する。

得点

点

3 同じ部首の漢字を書きましょう。（一つ2点）

(1) □《かん》謝《しゃ》の気持ちを□《たい》度《ど》で示《しめ》す。

(2) 道に□《まよ》って、□《ぎゃく》の方向に行ってしまう。

(3) 適《てき》□《ど》な運動は、健《けん》□《こう》によいそうだ。

(4) □《あに》は、□《じ》童会《どうかい》の役員をしていた。

(5) □《か》値《ち》のある物に□《ほ》険《けん》をかける。

(6) 環《かん》□《きょう》にやさしい自動車が□《ふ》える。

(7) 規《き》□《そく》によって、車の数を□《せい》限《げん》する。

4 ――の漢字の読みがなを書きましょう。（一つ2点）

(1) 野球の選手になりたい。（　　）
委員長を選ぶ。（　　）

(2) 新商品のテレビ広告。（　　）
十二時を告げるチャイム。（　　）

(3) 工場の熱を利用する。（　　）
熱いふろに入る。（　　）

(4) テストの結果を発表する。（　　）
友人との約束を果たす。（　　）

(5) 建国記念《きねん》の日。（　　）
木造《もくぞう》の一《いっ》けん家《や》を建てる。（　　）

(6) 新幹線に乗って京都《きょうと》へ行く。（　　）
松の木の太い幹。（　　）

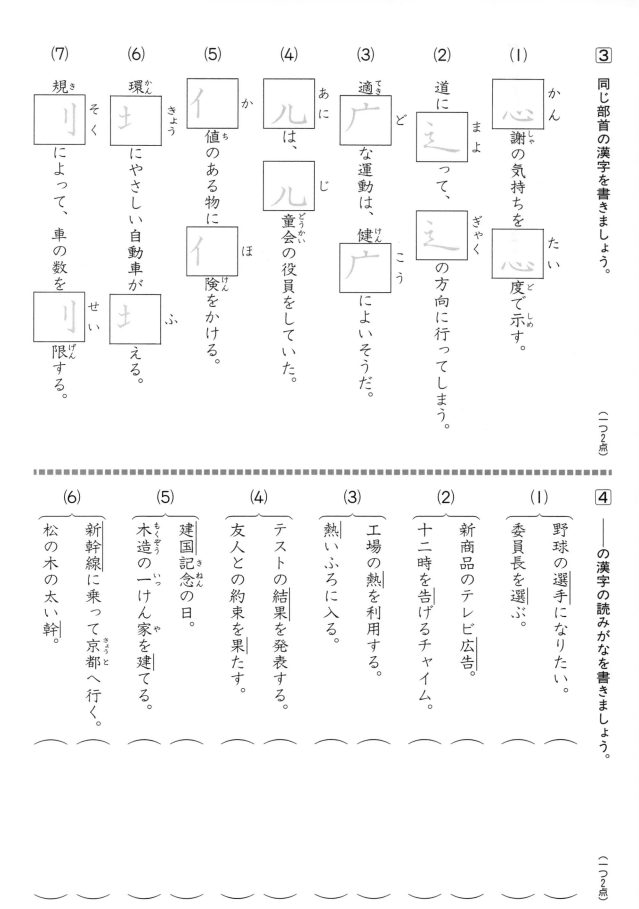

33 形の似《に》た漢字①

同じ部分をもつ漢字

ある字が、ほかの漢字の一部になることがあります。

多・移
人が多《おお》い。
席を移《うつ》る。

「移」の中には、「多」の字が入っています。

覚えよう

- 皮・破　毛皮《けがわ》。破《やぶ》る。
- 同・銅　同時《どうじ》。銅像《どうぞう》。
- 正・証　正直《しょうじき》。証明《しょうめい》。
- 固・個　固定《こてい》。個人《こじん》。
- 青・清・情・精・静　青年《せいねん》。清《きよ》い。情報《じょうほう》。精神《せいしん》。静《しず》か。
- 長・帳・張　市長《しちょう》。メモ帳《ちょう》。出《で》っ張《ば》る。
- 支・技・枝　支店《してん》。技術《ぎじゅつ》。小枝《こえだ》。
- 主・住・往　主語《しゅご》。住所《じゅうしょ》。往来《おうらい》。
- 反・飯・版　反対《はんたい》。昼飯《ひるめし》。出版社《しゅっぱんしゃ》。

1 ――の読みがなに合う漢字を、○で囲みましょう。（(1)～(4)一つ3点、(5)4点）

(1) 雑誌《ざっし》の表紙がやぶ｛破　皮｝れる。

(2) 注意をよびかける、は｛帳　張｝り紙《がみ》をする。

(3) 有名な作家の小説が、出《しゅっ》ぱん｛版　反｝された。

(4) 用紙にしょう｛正　証｝明《めい》写真をはる。

(5) オリンピックでどう｛銅　同｝メダルをとる。

得点　　点

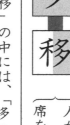

2 ■の部分をもつ漢字を、□に書きましょう。（一つ3点）

(1) 長…メモ□《ちょう》に記す。テントを□《は》る。

(2) 支…小《こ》□《えだ》を集める。□《ぎ》術《じゅつ》を習う。

(3) 反…昼《ひる》□《めし》を食べる。□《はん》画《が》をほる。

(4) 合…石を□《ひろ》う。学校の□《きゅう》食《しょく》。

(5) 主…□《おう》復《ふく》の道のり。氏名と□《じゅう》所《しょ》。

(6) 青
- 最新の□《じょう》報《ほう》を得《え》る。□《きよ》らかな心。
- □《しず》かな声で話す。□《せい》いっぱいの力。

---

3 同じ部分をもつ漢字を書きましょう。（一つ3点）

(1) 工業□《ぎ》術《じゅつ》が進歩する。松の□《えだ》が折れる。

(2) テントを□《は》る。日記《にっき》□《ちょう》を買う。

(3) □《おう》復《ふく》の切《きっ》ぷを買う。□《じゅう》所《しょ》を書く。

(4) ごみを□《ひろ》う。□《きゅう》食《しょく》の時間になる。

(5) にぎり□《めし》を食べる。本を出《しゅっ》□《ぱん》する。

(6)
- □《きよ》い川の流れ。テレビからの□《じょう》報《ほう》。
- スポーツマン□《せい》神《しん》。□《しず》かな夜。

34 形の似《に》た漢字②

形のよく似《に》た漢字

漢字には、形のよく似《に》たものがあります。

仕 — 任

父の仕事《しごと》。
責任《せきにん》をもつ。

●の部分に注意して書きましょう。

覚えよう

- 布 — 希：毛布《もうふ》。希望《きぼう》。
- 圧 — 在：低気圧《ていきあつ》。現在《げんざい》。
- 決 — 快：決定《けってい》。軽快《けいかい》。
- 規 — 現：規則《きそく》。現金《げんきん》。
- 輪 — 輸：車輪《しゃりん》。輸入《ゆにゅう》。
- 式 — 武：公式《こうしき》。武士《ぶし》。
- 以 — 似：以上《いじょう》。似顔絵《にがおえ》。
- 卒 — 率：卒業《そつぎょう》。能率的《のうりつてき》。
- 技 — 枝：技術《ぎじゅつ》。小枝《こえだ》。
- 可 — 司 — 句：可能《かのう》。司会《しかい》。文句《もんく》。

1 ——の読みがなに合う漢字を、○で囲みましょう。（一つ2点）

(1) 責《せき》にん｛仕　任｝ある行動をとる。

(2) 寒いので、毛《もう》ふ｛布　希｝をかける。

(3) 現《げん》ざい｛圧　在｝の天気をニュースで見る。

(4) 軽《けい》かい｛快　決｝なリズムで走る。

(5) 小麦のゆ｛輪　輸｝入量《にゅうりょう》が増《ふ》える。

得点

点

2 形に気をつけて、漢字を書きましょう。（一つ5点）

(1) 係の□《し》事《ごと》。　責《せき》□《にん》を果たす。

(2) 始業《しぎょう》□《しき》に出る。　□《ぶ》士《し》の衣《い》しょう。

(3) 語《ご》□《く》の意味。　□《か》能性《のうせい》が高い。

(4) □《ぎ》術《じゅつ》の進歩。　桜《さくら》の□《えだ》が折れる。

(5) □《き》則《そく》を守る。　夢《ゆめ》を実《じつ》□《げん》した。

(6) 自転車の車《しゃ》□《りん》。　原料を□《ゆ》入《にゅう》する。

3 漢字のまちがいに——を引いて、右側に正しく書きましょう。（一つ5点）

〈例〉住所《じゅうしょ》と民名《しめい》を書《か》く。　氏

(1) 父《ちち》と兄《あに》は、顔《かお》も性格《せいかく》もよく以《に》ている。

(2) 授業《じゅぎょう》で、新《あたら》しい語可《ごく》を勉強《べんきょう》した。

(3) 工業枝術《こうぎょうぎじゅつ》の進歩《しんぽ》が目覚《めざ》ましい。

(4) 集中《しゅうちゅう》して、能卒的《のうりつてき》に作業《さぎょう》を進《すす》める。

(5) 貯金箱《ちょきんばこ》の中《なか》の規金《げんきん》を数《かぞ》える。

(6) 鉄鉱石《てっこうせき》の輪入量《ゆにゅうりょう》が増《ふ》える。

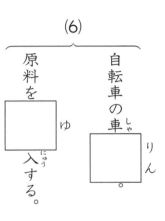

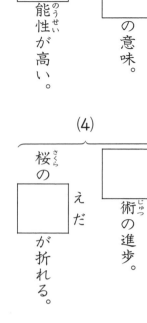

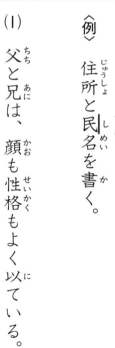

35 同じ読み方の漢字①

同じ音の漢字①

同じ音読みの漢字を使い分けましょう。

覚えよう

- えき…駅員《いん》・利《り》益・液体《たい》・貿《ぼう》易
- おう…中《ちゅう》央・横断《だん》・応用《よう》・往復《ふく》
- か…結《けっ》果・貨物《もっ》・可能性《のうせい》・仮定《てい》・定《てい》価・河川《せん》
- かん…完成《せい》・試《し》験《けん》管・観察《さっ》・週《しゅう》刊誌《し》・新《しん》幹線《せん》・習《しゅう》慣
- き…希望《ぼう》・季節《せっ》・国《こっ》旗・基本《ほん》・寄付《ふ》・規則《そく》
- けん…建設《せっ》・健康《こう》・実《じっ》験・事《じ》件・入場《にゅうじょう》券・保《ほ》険・検査《さ》
- げん…元気《き》・発《はっ》言・原因《いん》・期《き》限・表《ひょう》現・減少《しょう》
- こう…向上《じょう》・幸福《ふく》・漁《ぎょ》港・成《せい》功・好意《い》・気《き》候・航海《かい》／健《けん》康・効果《か》・耕作《さく》・鉄《てっ》鉱石《せき》・構成《せい》・興奮《ふん》
- さい…野《や》菜・最後《ご》・再開《かい》・災害《がい》・夫《ふ》妻・採集《しゅう》

1 ――の読みがなに合う漢字を、○で囲みましょう。（一つ2点）

(1) えい｛永・営｝業《ぎょう》中《ちゅう》のレストランに入る。

(2) 父は貿《ぼう》えき｛易・益｝会社につとめている。

(3) 広場の中《ちゅう》おう｛央・応｝に大きなふん水《すい》がある。

(4) 早く起きることを習《しゅう》かん｛慣・幹｝づける。

(5) 薬のこう｛康・効｝果《か》で、熱が下がる。

得点

点

2 □と読む漢字を、□に書きましょう。（一つ5点）

(1) えい
□星《せい》放送を見る。
店の□業《ぎょう》時間。

(2) か
定《てい》□の半額《はんがく》で買う。
実験の結《けっ》□を見る。

(3) かん
植物を□察《さっ》する。
ビルが□成《せい》する。

(4) けん
事《じ》□が起こった。
入場《にゅうじょう》□を買う。

(5) こう
鉄《てっ》□石《せき》の輸入《ゆにゅう》。
文章の□成《せい》。

(6) さい
友人と□会《かい》する。
□害《がい》に備《そな》える。

3 漢字のまちがいに——を引いて、右側に正しく書きましょう。（一つ5点）

〈例〉夏用《なつよう》の位服《いふく》に着《き》かえる。　衣

(1) 明治以後《めいじいご》、外国《がいこく》との貿益《ぼうえき》がさかんになる。

(2) 道路《どうろ》を往断《おうだん》するときは、必《かなら》ず左右《さゆう》を見《み》る。

(3) 毎朝《まいあさ》、新聞《しんぶん》を読《よ》むのが父《ちち》の習観《しゅうかん》だ。

(4) 学校《がっこう》の基則《きそく》を守《まも》って、教室《きょうしつ》を使用《しよう》する。

(5) 食品《しょくひん》の賞味期現《しょうみきげん》は、必《かなら》ず守《まも》って使用《しよう》する。

(6) 勉強《べんきょう》した構果《こうか》で、成績《せいせき》が上《あ》がった。

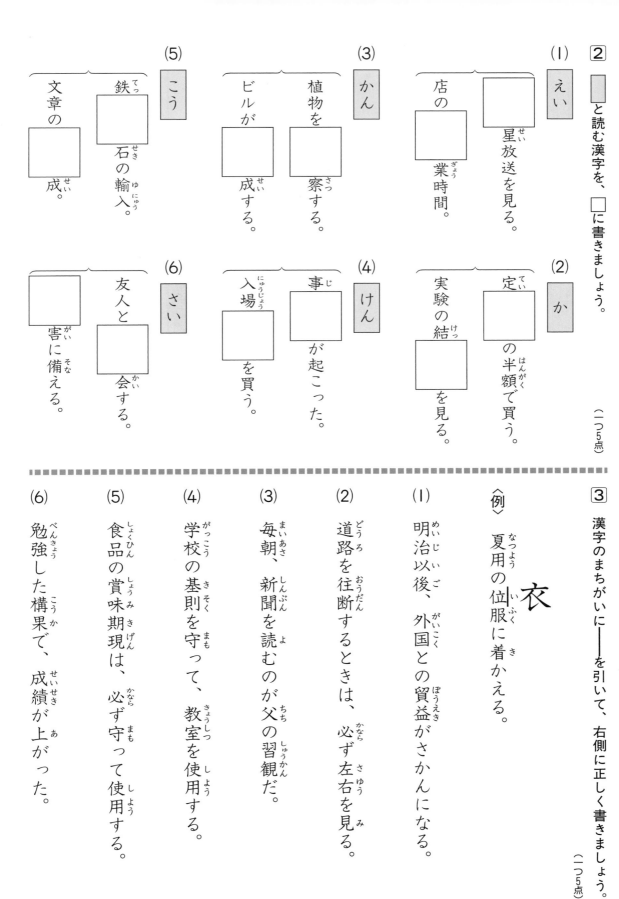

36 同じ読み方の漢字②

同じ音の漢字②

35回（70ページ）以外にも、同じ音読みの漢字があります。

覚えよう

- し……開《かい》始・指示《じ》・歯科《か》・詩集《しゅう》・氏名《めい》・歴《れき》史・司会《かい》
  試合《あい》・支流《りゅう》・武《ぶ》士・意《い》志・教《きょう》師・資料《りょう》・飼育《いく》
- しょう……松竹《ちく》梅《ばい》・招待《たい》・証明《めい》
- じょう……乗客《きゃく》・条件《けん》・状態《たい》・非《ひ》常・情景《けい》
- せい……成功《こう》・制限《げん》・女《じょ》性・政治《じ》・勢力《りょく》・精神《しん》・製品《ひん》
- ぞう……造船《せん》・想《そう》像・増加《か》
- たい……対戦《せん》・期《き》待・交《こう》代・包《ほう》帯・軍《ぐん》隊・態度《ど》
- はん……反対《たい》・夕《ゆう》飯・犯罪《ざい》・判断《だん》・版画《が》
- ふ……不安《あん》・夫人《じん》・付録《ろく》・首《しゅ》府・毛《もう》布・婦人《じん》・豊《ほう》富
- ぼう……希《き》望・予《よ》防・貿易《えき》・暴風《ふう》雨《う》

1 ——の読みがなに合う漢字を、〇で囲みましょう。（一つ2点）

(1) 住所としー名《めい》を記入する。　{氏　支}

(2) ピアノの発表会にしょう待《たい》される。　{招　証}

(3) 台風のせい力《りょく》が増《ま》した。　{成　勢}

(4) 図工の時間にはん画《が》をほる。　{版　判}

(5) ぼう風《ふう》雨《う》によるひ害《がい》を受ける。　{防　暴}

得点
点

2 □と読む漢字を、□に書きましょう。（一つ5点）

(1) ざい
深く謝《しゃ》□する。
過去《かこ》と現《げん》□。

(2) し
歴《れき》□の勉強をする。
野球の□合《あい》を見る。

(3) じょう
バスの□客《きゃく》。
非《ひ》□階《かい》だん。

(4) せい
実験が□功《こう》する。
江戸《えど》時代の□治《じ》。

(5) たい
□戦《せん》相手。
包《ほう》□をまく。

(6) ふ
毛《もう》□をかける。
雑誌《ざっし》の□録《ろく》。

3 漢字のまちがいに──を引いて、右側に正しく書きましょう。（一つ5点）

〈例〉学級会《がっきゅうかい》の氏会《しかい》をつとめる。 司

(1) 身分招明書《みぶんしょうめいしょ》をいつも持《も》ち歩《ある》く。

(2) 成治《せいじ》や社会《しゃかい》のことに関心《かんしん》をもつようにする。

(3) しょう来《らい》の自分《じぶん》のすがたを想造《そうぞう》する。

(4) 反罪《はんざい》を少《すく》なくするために、市民《しみん》が努力《どりょく》する。

(5) 毎月《まいつき》、雑誌《ざっし》の府録《ふろく》を楽《たの》しみにしている。

(6) 昨日《さくじつ》の防風雨《ぼうふうう》で、自転車《じてんしゃ》がこわれた。

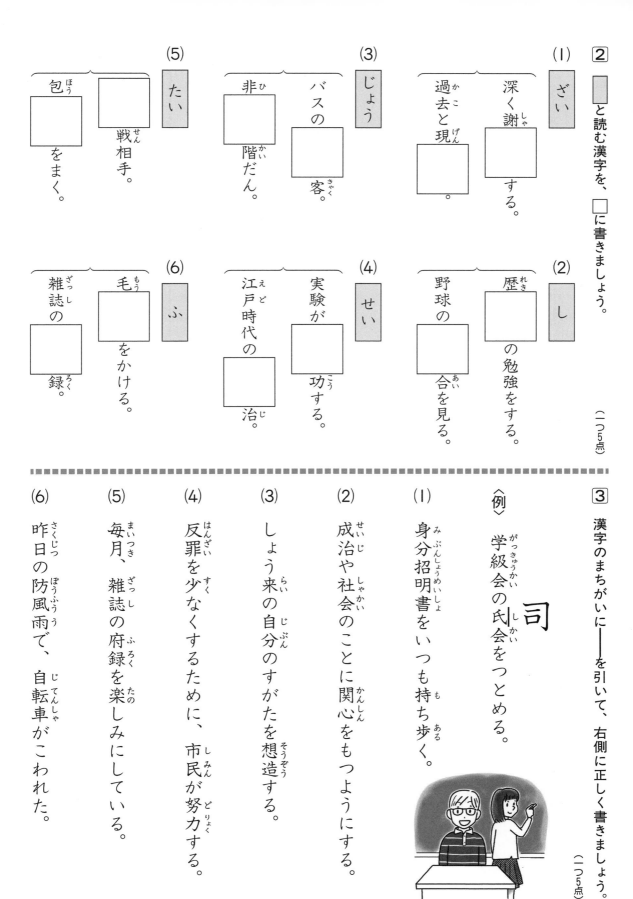

37 同じ読み方の漢字③

同じ訓の漢字

同じ訓読みの漢字を使い分けましょう。

か(う)

バナナを買う。

金魚を飼う。

覚えよう

- お(る)…紙を二つに折る。　布を織る。
- と(く)…教えを説く。　問題を解く。
- ま(じる)…大人の中に子どもが交じる。　雑音《ざつおん》が混じる。
- あつ(い)…暑い日。　熱いお茶。　厚い本。
- うつ(す)…字を書き写す。　箱の中身を移す。
- と(める)…受け止める。　書き留める。
- はか(る)…タイムを計る。　重さを量る。　長さを測る。
- やぶ(れる)…敵《てき》に敗れる。　表紙が破れる。
- つと(める)…早起きに努める。　委員を務める。
- あらわ(れる)…悲しみが顔に表れる。横から犬が現れる。

1 ――の読みがなに合う漢字を、○で囲みましょう。（一つ2点）

(1) 家で犬を二ひきか{買　飼}っている。

(2) この国語辞典は、とてもあつ{厚　暑}い。

(3) 荷物を自分の部屋《へや》にうつ{写　移}す。

(4) きぬ糸で美しい布《ぬの》をお{折　織}る。

(5) 算数の問題をと{解　説}く。

得点

点

2 □と読む漢字を、□に書きましょう。（一つ5点）

(1) か(う)
- パンを□う。
- 鳥をかごで□う。

(2) やぶ(れる)
- 決勝戦で□れる。
- 本の表紙が□れる。

(3) はか(る)
- 体重を□る。
- 身長を□る。

(4) つと(める)
- リーダーを□める。
- 早起きに□める。

(5) と(める)
- 車を□める。
- 気に□める。

(6) あらわ(れる)
- 喜《よろこ》びが顔に□れる。
- 主人公が□れる。

3 漢字のまちがいに——を引いて、右側に正しく書きましょう。（一つ5点）

〈例〉 毎朝《まいあさ》、葉《は》みがきをする。　歯

(1) 水《すい》とうの中身《なかみ》をコップに写《うつ》しかえる。

(2) むずかしいテスト問題《もんだい》を説《と》く。

(3) 先生《せんせい》に言《い》われたことをノートに書《か》き止《と》める。

(4) プレゼントの包《つつ》み紙《がみ》が敗《やぶ》れてしまった。

(5) 林君《はやしくん》は一年間《いちねんかん》、学級委員《がっきゅういいん》を努《つと》めていた。

(6) 横道《よこみち》から自転車《じてんしゃ》が、とつ然《ぜん》表《あらわ》れた。

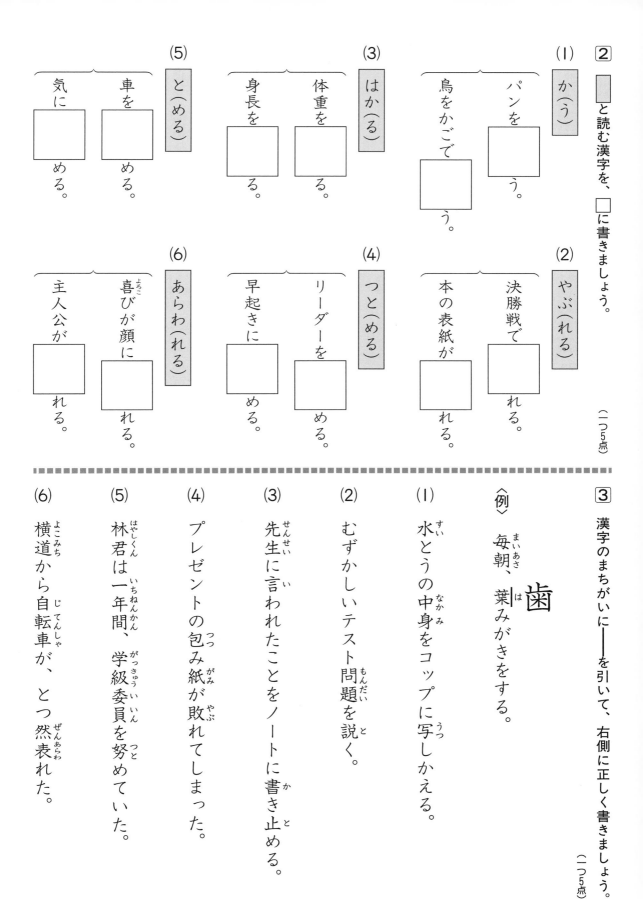

38

まちがえやすい漢字

形が似ていて同じ読み方の漢字

形が似《に》ていて、読み方が同じ漢字はまちがえやすいので、正しく使い分けましょう。

せき　積　績

四角形の面《めん》積。

成《せい》績が上がる。

●の部分の形のちがいに注意して書きましょう。

覚えよう

- けい　径　経　直《ちょっ》径。経験《けん》。
- ぐん　郡　群　郡部《ぶ》。大《たい》群。
- そく　側　測　側面《めん》。測定《てい》。
- こう　構　講　構成《せい》。講堂《どう》。
- けん　険　検　保《ほ》険。検査《さ》。
- きょう　鏡　境　鏡台《だい》。国《こっ》境。
- ふく　復　複　復習《しゅう》。複雑《ざつ》。
- しき　織　識　組《そ》織。知《ち》識。

1 ——の読みがなに合う漢字を、○で囲みましょう。（一つ2点）

(1) 両親は海外旅行をしたけい（経　径）験《けん》がある。

(2) この道は、交通量が多くて危《き》けん（険　検）だ。

(3) 牧場で、羊の大《たい》ぐん（群　郡）を見る。

(4) 学校で、身体そく（側　測）定《てい》をした。

(5) この川は、町と町とのきょう（鏡　境）界《かい》線《せん》だ。

得点

点

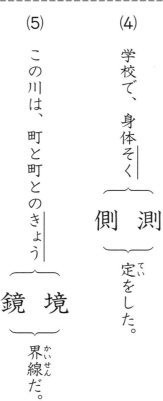

2 形に気をつけて、□（色つき）と読む漢字を、□に書きましょう。（一つ5点）

(1) せき
- 四角形の面《めん》□。
- 成《せい》□の発表。

(2) そく
- ビルの□面《めん》。
- 結果を予《よ》□する。

(3) けん
- 保《ほ》□証《しょう》を見せる。
- 水質《すいしつ》の□査《さ》。

(4) ふく
- 往《おう》□の道のり。
- 内容《ないよう》が□雑《ざつ》である。

(5) しき
- 組《そ》□を作る。
- 知《ち》□が増《ふ》える。

(6) こう
- □堂《どう》に集合する。
- 物語の□成《せい》。

3 漢字のまちがいに――を引いて、右側に正しく書きましょう。（一つ5点）

〈例〉 底
海低《かいてい》にすむ生《い》き物《もの》。

(1) 古《ふる》い自動車《じどうしゃ》をていねいに点険《てんけん》する。

(2) 国鏡《こっきょう》をこえて文化交流《ぶんかこうりゅう》をする。

(3) 先週《せんしゅう》、学校《がっこう》で身体側定《しんたいそくてい》をした。

(4) 昨日《さくじつ》、授業《じゅぎょう》で習《なら》ったことを複習《ふくしゅう》する。

(5) 駅《えき》の講内《こうない》で友人《ゆうじん》に会《あ》った。

(6) 百科事典《ひゃっかじてん》で調《しら》べて、多《おお》くの知識《ちしき》を得《え》る。

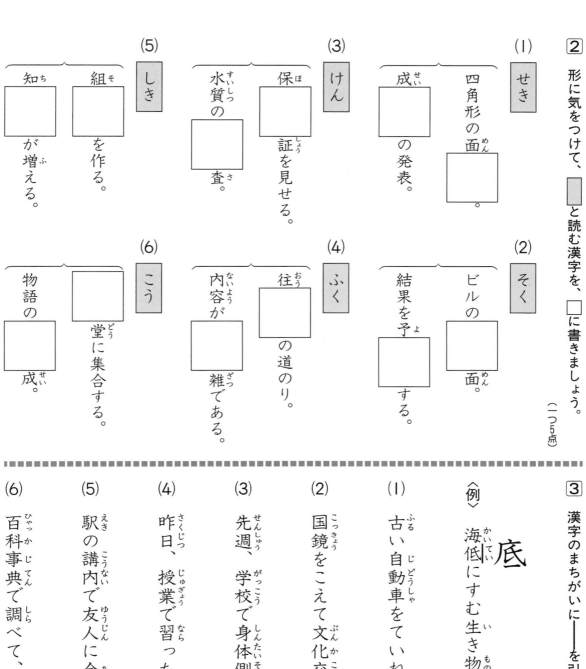

39 復《ふく》習《しゅう》ドリル⑤

1 形に気をつけて、漢字を書きましょう。（一つ2点）

(1)
古い日記《にっき》□《ちょう》。
テントを□《は》る。

(2)
開会《かいかい》□《しき》が始まる。
□《ぶ》士《し》の生活。

(3)
□《じゅう》所《しょ》を調べる。
□《おう》復《ふく》の切《きっ》ぷ。

(4)
汽車の車《しゃ》□《りん》。
海外から□《ゆ》入《にゅう》する。

(5)
□《じょう》報《ほう》を得《え》る。
□《しず》かな町。

(6)
□《し》事《ごと》がいそがしい。
重い責《せき》□《にん》。

2 □と読む漢字を、□に書きましょう。（一つ2点）

(1) か
実験の結《けっ》□。
品物の□格《かく》。

(2) えき
貿《ぼう》□がさかんだ。
利《り》□が少ない。

(3) おう
部屋の中《ちゅう》□。
□急《きゅう》しょ置《ち》をする。

(4) けん
事《じ》□のニュース。
入場《にゅうじょう》□を買う。

(5) こう
健《けん》□に過《す》ごす。
薬の□果《か》が出る。

(6) かん
作文が□成《せい》する。
新《しん》□線《せん》に乗る。

得点
点

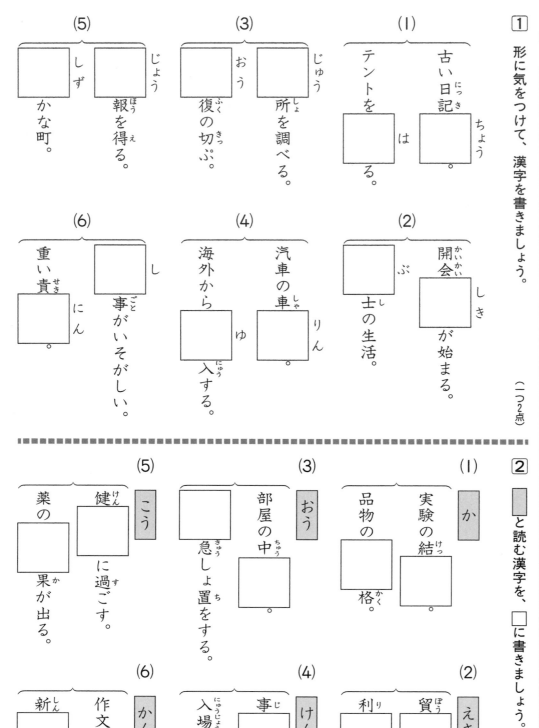

3 [　]と読む漢字を、□に書きましょう。（(1)〜(4)一つ2点、(5)(6)一つ3点）

(1) か(う)
庭で犬を□う。
バナナを□う。

(2) あつ(い)
とても□い夏の日。
□い国語辞典。

(3) と(める)
目を□める。
車を□める。

(4) お(る)
はたおり機で布を□る。
色紙でつるを□る。

(5) やぶ(れる)
表紙が□れる。
試合に□れる。

(6) はか(る)
重さを□る。
長さを□る。

4 漢字のまちがいに――を引いて、右側に正しく書きましょう。（一つ4点）

〈例〉 海《かい》低《てい》(底)の深《ふか》さを調《しら》べる。

(1) 新学期《しんがっき》になったので、身体側定《しんたいそくてい》がある。

(2) 教科書《きょうかしょ》の内容《ないよう》を問題集《もんだいしゅう》で複習《ふくしゅう》する。

(3) 長方形《ちょうほうけい》の面績《めんせき》を求《もと》める公式《こうしき》を習《なら》う。

(4) あの人は、芸術《げいじゅつ》に関《かん》する知織《ちしき》が豊富《ほうふ》です。

(5) 水族館《すいぞくかん》で、魚《さかな》の大郡《たいぐん》が泳《およ》いでいるのを見《み》た。

(6) 飛行機《ひこうき》や船《ふね》を使《つか》って旅行《りょこう》した径験《けいけん》がある。

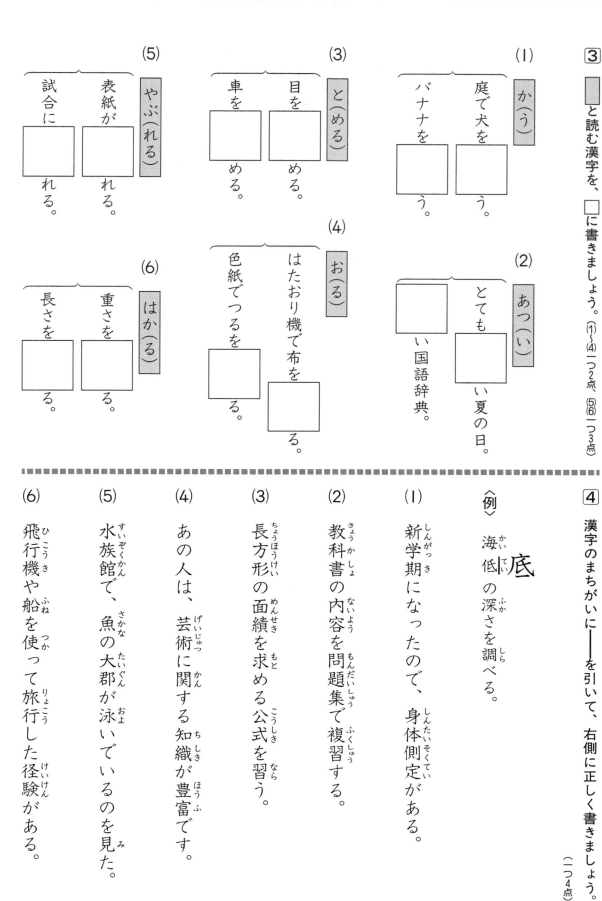

40 漢字の成り立ち①

漢字のでき方

漢字の成り立ちには、大きく分けて、次の四つがあります。

①目に見える物の形をかたどった漢字（象形《しょうけい》文字）。

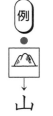

 → 火　火の形からできた字。

例 ●  → 山　●  → 馬

②目に見えないことがらを印や記号を使って表した漢字（指事《しじ》文字）。

 → 本　木の根元に印をつけた字。

例 ●  → 上　●  → 内

③漢字の意味を組み合わせた漢字（会意《かいい》文字）。

木＋木 → 林　「木」と「木」で、木が多い「はやし」を表した字。

例 ●口＋鳥→鳴　●イ（人）＋言→信

④意味を表す部分（部首）と音を表す部分を組み合わせた漢字（形声《けいせい》文字）。

木＋反《ハン》 → 板《ハン》　意味を表す「木」と、音《おん》を表す「反《ハン》」で、「いた」を表した字。

例 ●糸＋氏《シ》→紙《シ》　●口＋古《コ》→固《コ》　●氵（水）＋羊《ヨウ》→洋《ヨウ》

1 次の絵からできた漢字を、◯で囲みましょう。（一つ1点）

(1) 
火　日

(2) 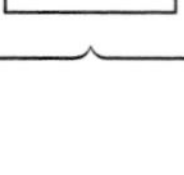
山　小

(3) 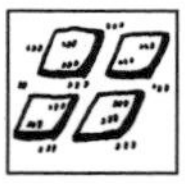
田　口

(4) 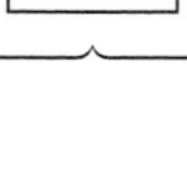
川　竹

(5) 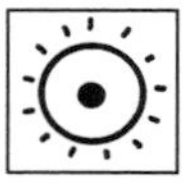
田　日

(6) 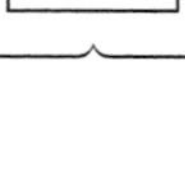
月　目

(7) 
犬　土

(8) 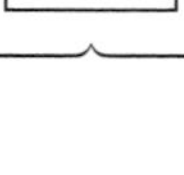
馬　手

(9) 
鳥　足

(10) 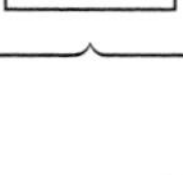
女　魚

得点　　点

2 次の成り立ちに合う漢字を、□から選んで書きましょう。（一つ3点）

(1)  ↓ □

(2)  ↓ □

(3)  ↓ □

(4)  ↓ □

(5)  ↓ □

(6)  ↓ □

川・本・山・三・魚・上

3 次の二つの漢字が組み合わさってできた漢字を、□に書きましょう。（一つ3点）

(1) 木＋木 ↓ □

(2) 日＋月 ↓ □

(3) 人＋言 ↓ □

(4) 山＋石 ↓ □

4 次の(1)〜(4)の成り立ちに合う漢字を□から選んで、漢字を書きましょう。（一つ5点）

(1) 目に見える物の形をかたどった漢字。 □・□・□

(2) 目に見えないことがらを印や記号を使って表した漢字。 □・□・□

(3) 漢字の意味を組み合わせた漢字。 □・□・□

(4) 意味を表す部分と音を表す部分を組み合わせた漢字。 □・□・□

紙・上・竹・信
馬・本・林・洋
板・犬・内・鳴

41 漢字の成り立ち②

組み合わせてできた漢字

40回（80ページ）の③と④は、すでにある漢字や漢字の部分を組み合わせてできた漢字です。

③漢字の意味を組み合わせた漢字。

人＋木→休
「亻（人）」と「木」で、人が「やすむ」様子を表した字。

例
●山＋石→岩
●重＋力→動

④意味を表す部分（部首）と音を表す部分を組み合わせた漢字。

米＋分《フン》→粉《フン》
意味を表す「米」と、音《おん》を表す「分《フン》」で、「こな」を表した字。

意味を表す部分は、部首になっています。

例
●飠（食）＋司《シ》→飼《シ》
●言＋果《カ》→課《カ》
●扌（手）＋寺《ジ》→持《ジ》
●氵（水）＋青《セイ》→清《セイ》
●亻（人）＋固《コ》→個《コ》
●金（金）＋同《ドウ》→銅《ドウ》
●相《ソウ》＋心→想《ソウ》
●广＋付《フ》→府《フ》
●糸＋会《カイ》→絵《カイ》
●阝＋祭《サイ》→際《サイ》
●化《カ》＋貝→貨《カ》
●制《セイ》＋衣→製《セイ》

1 次の漢字の音の読みがなに合うものを、○で囲みましょう。（一つ1点）

(1) 飼　（シ）　ショク
(2) 粉　バイ　フン
(3) 持　ジ　トク
(4) 想　ソウ　ショウ
(5) 清　セイ　アオ
(6) 府　ツ　フ
(7) 貨　カ　カイ
(8) 際　ザイ　サイ
(9) 固　コ　ゴ
(10) 銅　ギン　ドウ

得点　点

2 次の漢字に共通する部首を、[ ]から選んで書きましょう。（一つ3点）

(1) 思・感・想・念 [ ]

(2) 茶・葉・薬・菜 [ ]

(3) 板・根・植・松 [ ]

(4) 作・代・位・健 [ ]

(5) 海・湖・油・流 [ ]

(6) 投・拾・技・採 [ ]

心・木・艹・扌・亻・氵

3 次の漢字の部首の部分を□に、漢字の音を表す部分を（ ）に書きましょう。（一つ3点）

(1) 粉　▶部首 [米]　▶音 （分）

(2) 課　▶部首 [ ]　▶音 （ ）

(3) 飼　▶部首 [ ]　▶音 （ ）

(4) 持　▶部首 [ ]　▶音 （ ）

(5) 清　▶部首 [ ]　▶音 （ ）

(6) 個　▶部首 [ ]　▶音 （ ）

(7) 銅　▶部首 [ ]　▶音 （ ）

(8) 想　▶部首 [ ]　▶音 （ ）

(9) 府　▶部首 [ ]　▶音 （ ）

(10) 絵　▶部首 [ ]　▶音 （ ）

(11) 貨　▶部首 [ ]　▶音 （ ）

(12) 製　▶部首 [ ]　▶音 （ ）

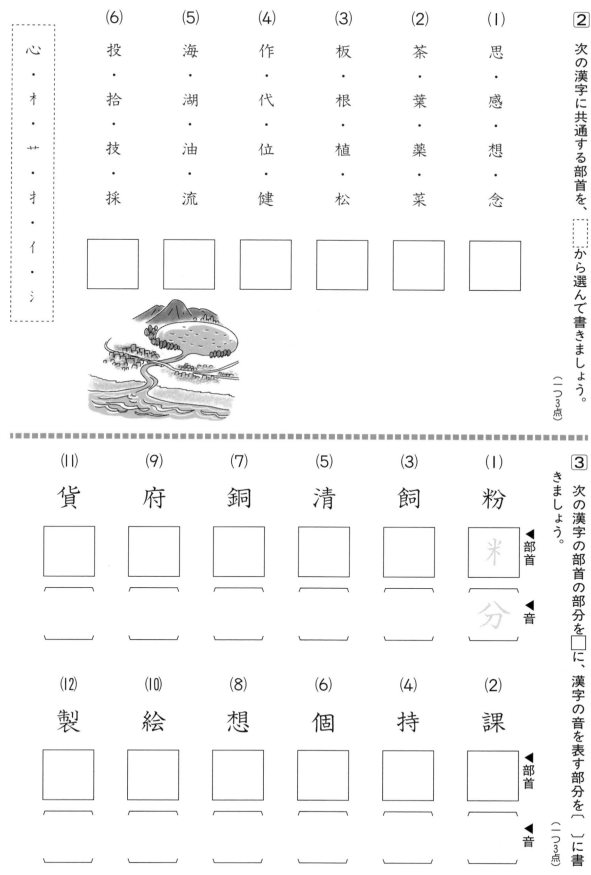

42 熟語《じゅくご》の組み立て①

漢字二字の熟語《じゅくご》の組み立て①

二字以上の漢字を組み合わせてできた言葉を、「熟語《じゅくご》」といいます。

漢字二字の熟語《じゅくご》には、次のような組み合わせでできたものがあります。

①反対（対《つい》）の意味の漢字の組み合わせ。

例
- 強弱（強い↕弱い）
- 明暗（明るい↕暗い）
- 生死（生きる↕死ぬ）
- 売買（売る↕買う）
- 内外（内↕外）

②似《に》た意味の漢字の組み合わせ。

例
- 生産（生む＋産む）
- 学習（学ぶ＋習う）
- 戦争（戦う＋争う）
- 救助（救う＋助ける）
- 絵画（絵＋図画）

1 次の組み合わせの熟語《じゅくご》になる漢字を、〇で囲みましょう。（一つ2点）

(1) 反対（対《つい》）の意味の漢字の組み合わせ。

① 長 ｛所　短｝

② 生 ｛死　活｝

③ 強 ｛弱　風｝

④ 明 ｛暗　細｝

(2) 似《に》た意味の漢字の組み合わせ。

① 学 ｛習　問｝

② 生 ｛産　物｝

③ 救 ｛出　助｝

④ 回 ｛転　答｝

得点

点

2 次の組み合わせに合う熟語《じゅくご》を、[ ]から選んで書きましょう。（一つ2点）

(1) 反対（対《つい》）の意味の漢字の組み合わせ。

（　　）・（　　）・（　　）

(2) 似《に》た意味の漢字の組み合わせ。

（　　）・（　　）・（　　）

救助・明暗・戦争・生死・長短・学習

3 □に合う漢字を[ ]から選んで、次の組み合わせに合う熟語《じゅくご》を作りましょう。（一つ2点）

(1) 反対（対《つい》）の意味の漢字の組み合わせ。

□弱・□外・□買

(2) 似《に》た意味の漢字の組み合わせ。

□産・□画・□転

内・生・強・回・絵・売

4 □に合う漢字を書いて、次の組み合わせに合う熟語《じゅくご》を作りましょう。（一つ5点）

(1) 反対（対《つい》）の意味の漢字の組み合わせ。

① ひもの長□。

② 土地の売□。

③ 力の強□。

④ 生□の境《さかい》。

⑤ 明□を分ける。

⑥ 学校の内□。

(2) 似《に》た意味の漢字の組み合わせ。

① 理科の学□。

② 工場の生□。

③ 戦□反対。

④ 車輪の回□。

⑤ 市の絵□展《てん》。

⑥ 山の救□隊《たい》。

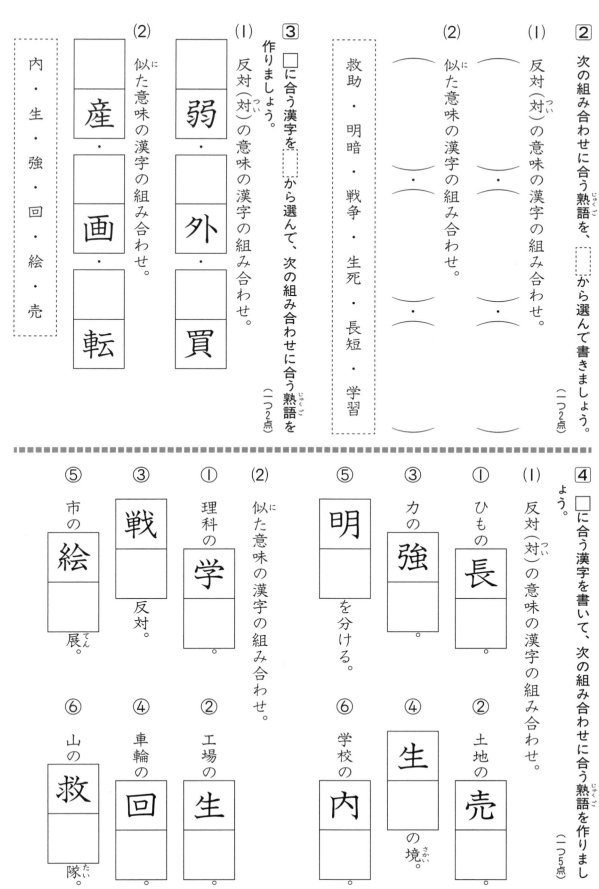

43 熟語《じゅくご》の組み立て②

漢字二字の熟語《じゅくご》の組み立て②

漢字二字の熟語《じゅくご》には、42回（84ページ）のほかにも、次のような組み合わせでできたものがあります。

③上の漢字が下の漢字を修飾《しゅうしょく》する組み合わせ。

木刀（木の刀）

例
- 鉄橋（鉄の橋）
- 熱湯（熱い湯）
- 大木（大きな木）
- 白線（白い線）

④「～に」「～を」にあたる漢字が下にくる組み合わせ。

着席（席に着く）

例
- 乗車（車に乗る）
- 消火（火を消す）
- 作曲（曲を作る）
- 挙式（式を挙げる）

⑤「不」「未」「無」「非」など、打ち消す漢字が上にくる組み合わせ。

無人（人がいない）

例
- 不満（満足でない）
- 未開（開《ひら》けていない）
- 不幸（幸せでない）
- 非番《ひばん》（当番でない）

1 次の組み合わせの熟語《じゅくご》になる漢字を、○で囲みましょう。 （(1)一つ2点、(2)一つ3点）

(1) 上の漢字が下の漢字を修飾《しゅうしょく》する組み合わせ。

① 木 ｛刀（○） 石｝
② 大 ｛木 小｝
③ 鉄 ｛進 橋｝
④ 熱 ｛発 湯｝

(2) 「～に」「～を」にあたる漢字が下にくる組み合わせ。

① 消 ｛火 失｝
② 乗 ｛転 車｝
③ 作 ｛曲 者｝
④ 登 ｛道 山｝

得点　　点

2 次の組み合わせに合う熟語《じゅくご》を、[ ]から選んで書きましょう。（一つ4点）

(1) 上の漢字が下の漢字を修飾《しゅうしょく》する組み合わせ。

（白線）・（　）・（　）

(2) 「〜に」「〜を」にあたる漢字が下にくる組み合わせ。

（　）・（　）・（　）

(3) 打ち消す漢字が上にくる組み合わせ。

（　）・（　）・（　）

白線・作曲・未開・鉄橋・帰国
無害・熱湯・不足・挙式

3 「不・未・無・非」から、□に合う漢字を書いて熟語《じゅくご》を作りましょう。（一つ4点）

(1) □幸

(2) □開

(3) □事

(4) □番

4 次の組み立てからできる熟語《じゅくご》を作って、（　）に読みがなも書きましょう。（一つ2点）

〈例〉文を作る。…作文（さくぶん）

(1) 火を消す。…□□（　）

(2) 曲を作る。…□□（　）

(3) 山に登る。…□□（　）

(4) 席に着く。…□□（　）

(5) 車に乗る。…□□（　）

(6) 国に帰る。…□□（　）

(7) 金を集める。…□□（　）

44 熟語《じゅくご》の組み立て③

三字以上の熟語《じゅくご》の組み立て

漢字三字以上でできる熟語《じゅくご》の多くは、一字と二字の語の組み合わせによるものです。

①一字ずつの語の集まり。

衣食住（衣＋食＋住）

例
- 市町村（市＋町＋村）
- 上中下（上＋中＋下）
- 東西南北（東＋西＋南＋北）

②一字＋二字の組み合わせ。

長時間（長＋時間）

例
- 大都市（大＋都市）
- 新発売（新＋発売）
- 不安定（不＋安定）

③二字＋一字の組み合わせ。

音楽家（音楽＋家）

例
- 文化祭（文化＋祭）
- 感動的（感動＋的）
- 機械化（機械＋化）

④一字と二字の組み合わせによる四字以上の熟語《じゅくご》。

例
- 学校放送委員会（学校＋放送＋委員＋会）

1 次の組み立ての三字熟語《じゅくご》になる漢字を、◯で囲みましょう。（一つ3点）

(1) 一字ずつの語の集まり。

① 市町｛村　県｝

② 上中｛大　下｝

(2) 一字＋二字の組み合わせ。

① ｛全　近｝世界

② ｛細　短｝期間

(3) 二字＋一字の組み合わせ。

① 感動｛然　的｝

② 機械｛化　金｝

③ 研究｛光　所｝

④ 委員｛長　図｝

得点　　点

2 次の組み立てに合う三字の熟語《じゅくご》を、□から選んで書きましょう。（一つ3点）

(1) 一字ずつの語の集まり。〈例〉大中小

(　)・(　)　(　)・(　)

(2) 一字＋二字の組み合わせ。〈例〉新学期

(　)・(　)　(　)・(　)

(3) 二字＋一字の組み合わせ。〈例〉運動会

(　)・(　)　(　)・(　)

交通費・衣食住・大失敗・上中下
松竹梅・無関心・書道家・図書係
不自然・具体的・未完成・市町村

3 次の組み立てからできる三字の熟語《じゅくご》を作りましょう。（一つ4点）

〈例〉音楽のための会。　音楽会

(1) 図書の係。　□□□

(2) 大きな失敗。　□□□

(3) 研究する所。　□□□

(4) 短い期間。　□□□

4 「不・未・無・非」から、□に合う漢字を書いて、熟語《じゅくご》を作りましょう。（一つ4点）

(1) □自然

(2) □成年

(3) □完成

(4) □関心

(5) □満足

(6) □常《じょう》識《しき》

45 復習《ふくしゅう》ドリル⑥

1 次の(1)〜(4)の成り立ちに合う漢字を、[ ]から選んで書きましょう。（一つ2点）

(1) 目に見える物の形をかたどった漢字。 [ ]・[ ]・[ ]

(2) 目に見えないことがらを印や記号を使って表した漢字。 [ ]・[ ]・[ ]

(3) 漢字の意味を組み合わせた漢字。 [ ]・[ ]・[ ]

(4) 意味を表す部分と音を表す部分を組み合わせた漢字。 [ ]・[ ]・[ ]

固・馬・林・上・竹・洋
本・犬・末・信・板・鳴

2 次の組み立てからできる熟語《じゅくご》を作って、（ ）に読みがなも書きましょう。（(1)一つ1点、(2)〜(6)一つ2点）

〈例〉 文を作る。……作文（さくぶん）

(1) 国に帰る。……[ ][ ]（ ）

(2) 席に着く。……[ ][ ]（ ）

(3) 山に登る。……[ ][ ]（ ）

(4) 金を集める。……[ ][ ]（ ）

(5) 火を消す。……[ ][ ]（ ）

(6) 式を挙げる。……[ ][ ]（ ）

得点　　点

3 次の組み合わせに合う熟語《じゅくご》を、□から選んで書きましょう。（一つ2点）

(1) 反対（対《つい》）の意味の漢字の組み合わせ。
（　）・（　）・（　）

(2) 似《に》た意味の漢字の組み合わせ。
（　）・（　）・（　）

(3) 上の漢字が下の漢字を修飾《しゅうしょく》する組み合わせ。
（　）・（　）・（　）

(4) 「〜に」「〜を」にあたる漢字が下にくる組み合わせ。
（　）・（　）・（　）

(5) 打ち消す漢字が上にくる組み合わせ。
（　）・（　）・（　）

熱湯・集金・鉄橋・絵画・不幸
強弱・救助《きゅうじょ》・生死・白線・作曲
無害・帰国・戦争・売買・非番《ひばん》

4 次の組み立てに合う三字の熟語《じゅくご》を、□から選んで書きましょう。（一つ2点）

(1) 一字ずつの語の集まり。〈例〉大中小
（　）・（　）・（　）・（　）

(2) 一字＋二字の組み合わせ。〈例〉新学期
（　）・（　）・（　）・（　）

(3) 二字＋一字の組み合わせ。〈例〉運動会
（　）・（　）・（　）・（　）

大都市・上中下・研究所・文化祭
市町村・新発売・松竹梅・短期間
機械化・感動的・不安定・衣食住

46 送りがな①

送りがなの変わる言葉

動詞《どうし》や様子を表す言葉は、□のように送りがなが変わります。

①動詞《どうし》（動きを表す言葉）。

笑う	続く	敗れる
笑わない。	続かない。	敗れない。
笑います。	続きます。	敗れます。
笑うとき、	続くとき、	敗れるとき、
笑えば、	続けば、	敗れれば、
笑おう。	続こう。	敗れよう。
笑った。	続いた。	敗れた。

「敗れる」の送りがなは、すべて同じ音の「れ」で始まります。また、「た」や「だ」に続くときの形に注意しましょう。

例
- 刷った。戦った。
- 働いた。焼いた。
- 飛んだ。選んだ。

②様子を表す言葉。

固い	美しい
固かった。	美しかった。
固くない。	美しくない。
固くなる。	美しくなる。
固いもち。	美しい風景。
固ければ、かめない。	美しければ、ほめる。

1 □に合う送りがなを書きましょう。（一つ3点）

(1)〈焼く〉
- 魚を焼[か]ない。
- 魚を焼□ます。
- 魚を焼□う。
- 魚を焼□た。

(2)〈飛ぶ〉
- 鳥が飛□ない。
- 鳥が飛□ます。
- 鳥が飛□うとする。
- 鳥が飛□だ。

(3)〈浅い〉
- プールが浅[かっ]た。
- プールが浅□□ば、泳げない。

(4)〈悲しい〉
- この物語は悲□□□た。
- この物語はあまり悲□□ない。

得点　点

2 □に合う送りがなを書きましょう。（一つ4点）

(1) 〈働く〉
働□ないと、給料がもらえない。
長く働□ときは、休《きゅう》けいを入れます。
父は、夜おそくまで働□た。

(2) 〈戦う〉
このチームとは、何度も戦□たことがある。
戦□ば必ず勝つほど力が強いチーム。
本気で戦□ないと、すぐに負けてしまう。

(3) 〈熱い〉
スープはまだとても熱□□た。
この温泉《おんせん》はそれほど熱□ない。

(4) 〈等しい〉
板の長さは等□□□た。
ケーキの大きさが等□□なかった。

---

3 〈　〉の言葉を、文に合う形で（　）に書きましょう。（一つ3点）

(1) 〈選ぶ〉
① 安くて、いい品物を（　　）ます。
② 赤いリボンがついた洋服を（　　）だ。

(2) 〈答える〉
① 先生によばれたので、すぐに（　　）た。
② この問題はわからないので（　　）ない。

(3) 〈冷たい〉
① 川の水がとても（　　）た。
② 風が（　　）ば、上着を着よう。

(4) 〈美しい〉
① 今朝《けさ》は、朝日がとても（　　）た。
② ここは、はとのふんで（　　）ない。

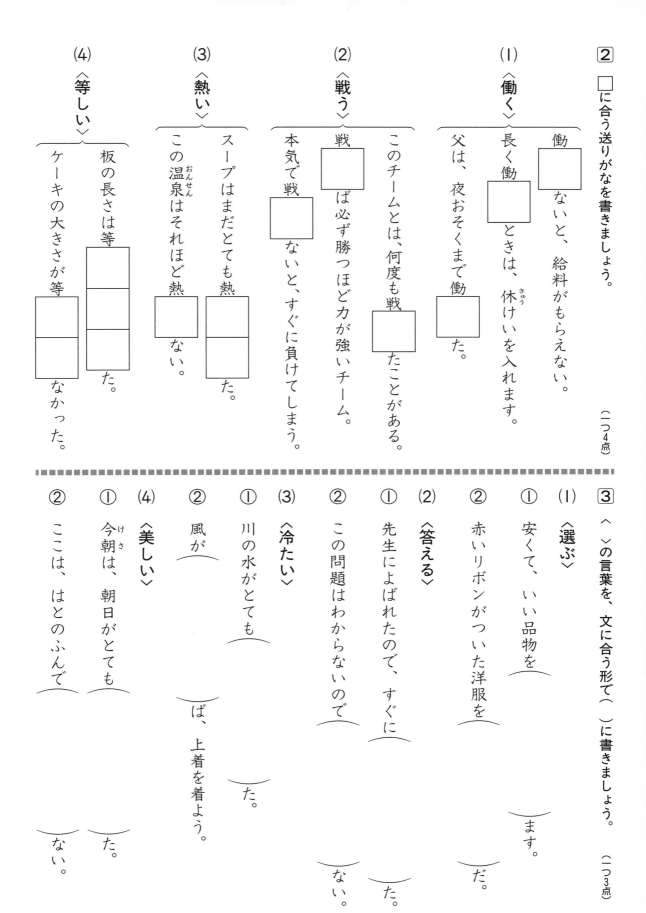

47 送りがな②

漢字の読み方と送りがな

送りがながあると、漢字の読み方が、はっきりします。

・覚
- 漢字を覚《おぼ》える。
- 目が覚《さ》める。

覚えよう

・冷
- お湯が冷《さ》める。
- 体が冷《ひ》える。

・増
- 人が増《ふ》える。
- 水かさが増《ま》す。

送りがなをまちがえやすい言葉

漢字と送りがなを正しく書き表しましょう。

はたらく
- ○働く
- ×働らく

覚えよう

- 過《す》ぎる・述《の》べる・留《と》める・燃《も》える
- 逆《さか》らう・勢《いきお》い・導《みちび》く・断《ことわ》る
- 確《たし》かめる・現《あらわ》れる・率《ひき》いる・暴《あば》れる
- 耕《たがや》す・志《こころざ》す・再《ふたた》び・営《いとな》む・快《こころよ》い

1 ——の言葉の送りがなに合うものを、◯で囲みましょう。（一つ2点）

(1) 店の前をすぎる。
過 { る / ぎる }

(2) 毎日はたらく。
働 { く / らく }

(3) 夏の風がこころよい。
快 { よい / い }

(4) 商店をいとなむ。
営 { なむ / む }

(5) 水の流れにさからう。
逆 { らう / う }

(6) 答えをたしかめる。
確 { かめる / める }

(7) 人があらわれる。
現 { われる / れる }

(8) いきおいがよい。
勢 { おい / い }

得点
点

2 ——の言葉の送りがなを書きましょう。（一つ4点）

(1) こころよい風がふく。　快（　　　）

(2) 兄が医者をこころざす。　志（　　　）

(3) 祖父《そふ》は商店をいとなむ。　営（　　　）

(4) かばんの中身をたしかめる。　確（　　　）

(5) 川の流れにさからう。　逆（　　　）

(6) 水がいきおいよく出る。　勢（　　　）

3 送りがなに注意して、——の漢字の読みがなを書きましょう。（一つ6点）

(1)
お茶が冷めめる。（　　　）
体が冷える。（　　　）

(2)
川の水が増える。（　　　）
水かさが増す。（　　　）

4 ——の言葉は、送りがながまちがっています。右側に漢字と送りがなを正しく書きましょう。（一つ6点）

〈例〉父が働らく（はたらく）会社。　働く

(1) 電車が通り過る（すぎる）。

(2) 祖父《そふ》が、広い畑を耕やす（たがやす）。

(3) 木《こ》かげにいると、快よい（こころよい）風がふいてきた。

(4) 先生が正しい方向に導びく（みちびく）。

(5) 木のかげから小さな犬が現われる（あらわれる）。

(6) 家を出る前に、まどの戸じまりを確める（たしかめる）。

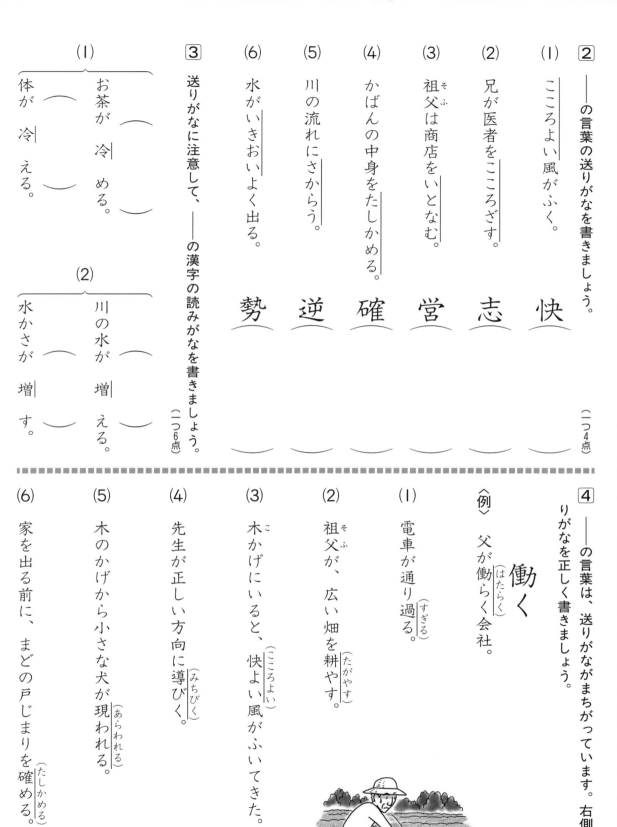

48 かなづかい①

かなづかいの決まり①

言葉をかなで書くときの書き表し方を、「かなづかい」といいます。

①ア段《だん》・イ段《だん》・ウ段《だん》・エ段《だん》の音をのばすときは、それぞれ「あ」「い」「う」「え」をそえて書きます。

- おかあさん（お母さん）
- にいさん（兄さん）
- ふうせん（風船）
- ねえさん（姉さん）

②オ段《だん》の音をのばすときは、「う」をそえて書きます。

おと~~お~~うさんのよ~~お~~うふくを着る。
（お父さん）（洋服）

覚えよう
- きのう（昨日）
- どうろ（道路）
- ほうたい（包帯）

例外1 オ段《だん》のかなに「お」をそえて書く言葉もあります。
- こおり（氷）
- おおきい（大きい）
- とおい（遠い）
- おおかみ
- おおい（多い）
- とおか（十日）

例外2 エ段《だん》のかなに「い」をそえて書く言葉もあります。
- とけい（時計）
- かいてい（海底）
- えいよう（栄養）

1 ——のかなづかいが正しい言葉を、（　）で囲みましょう。（一つ2点）

(1) 
（どうろ）
どおろ

(2) 
おとうさん
おとおさん

(3) 
ええが
えいが

(4) 
おうきい
おおきい

(5) 
こうり
こおり

(6) 
おとうと
おとおと

(7) 

きのう
きのお

(8) 

けいかく
けえかく

(9) 
えいよう
ええよう

(10) 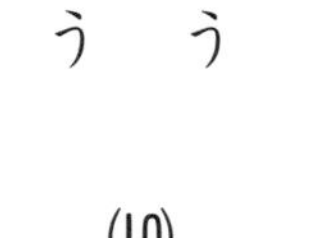
どうぐ
どおぐ

得点　　点

2 かなづかいの正しい字を〈　〉から選んで、□に書きましょう。（一つ4点）

(1) 家に帰って、よ□〈う・お〉服《ふく》を着かえる。

(2) きの□〈う・お〉、え□〈い・え〉画《が》を見に行った。

(3) おと□〈う・お〉さんの声は、とてもお□〈う・お〉きい。

(4) え□〈い・え〉養《よう》が、お□〈う・お〉くふくまれる食べ物。

(5) いも□〈う・お〉とは、かきご□〈う・お〉りが好きだ。

(6) 宿題をと□〈う・お〉日《か》間《かん》で終えるけ□〈い・え〉画《かく》を立てる。

(7) 海《かい》て□〈い・え〉をちょ□〈う・お〉査《さ》する船。

3 かなづかいがまちがっている字に——を引いて、右側に正しい字を書きましょう。（一つ4点）

〈例〉おとおとがわらった。（う）

(1) 土曜日に、ええがを見に行った。

(2) 夏休みのけえかくを立てる。

(3) きのおの夜は、雨がふっていた。

(4) おうきな犬を飼《か》っている。

(5) 学校と家の間をおおふくする。

(6) ジュースにこうりを入れて飲む。

(7) 次の時間は、どおとくです。

49 かなづかい②

かなづかいの決まり②

48回（96ページ）のほかに、次のような決まりがあります。

③「**言う**」は、かなで「**いう**」と書きます。

大声で~~ゆ~~いう。（言う）　~~ゆ~~いうまでもない。（言う）

④「**ジ・ズ**」と発音する音は、ふつう、「**じ・ず**」と書きますが、「**ぢ・づ**」と書くことがあります。

「血（ち）」、「作（つく）り」の「ち・つ」がにごった音です。

はな~~じ~~ぢが出る。（鼻血）

て~~ず~~づくりのいす。（手作り）

「ちぢ」や「つづ」のように、音が重なるときに使います。

セーターがち~~じ~~ぢむ。

話がつ~~ず~~づく。（続く）

⑤「**ワ・エ・オ**」と発音して、「**は・へ・を**」と書くことがあります。

覚えよう ●ぼくは、プールへ行くとき、水着を着ていく。

1 ——のかなづかいが正しいほうに、○をつけましょう。（一つ3点）

(1)
（　）妹が小さな声でいう。
（　）妹が小さな声でゆう。

(2)
（　）世界ちづを見る。
（　）世界ちずを見る。

(3)
（　）この道は、どこまでもつずいている。
（　）この道は、どこまでもつづいている。

(4)
（　）ボールが当たってはなじが出る。
（　）ボールが当たってはなぢが出る。

(5)
（　）子犬の毛がちじれている。
（　）子犬の毛がちぢれている。

(6)
（　）おとうとは、本お読むのが好きだ。
（　）おとうとは、本を読むのが好きだ。

得点　　点

2 かなづかいの正しい字を〈　〉から選んで、□に書きましょう。（一つ3点）

(1) 姉のて□〈ず・づ〉くりのケーキ□〈は・わ〉、とてもおいしい。

(2) 友達《ともだち》の家□〈え・へ〉行くために、ち□〈ず・づ〉を見る。

(3) 家で飼《か》っている犬□〈は・わ〉、毛がち□〈じ・ぢ〉れている。

(4) 昨日《きのう》□〈は・わ〉雨だったので、□〈じ・ぢ〉めんがぬれている。

(5) こ□〈ず・づ〉つみの中に、手紙□〈お・を〉いっしょに入れる。

(6) セーター□〈お・を〉あらったら、ち□〈じ・ぢ〉んでしまった。

(7) 先生の話□〈わ・は〉、三十分以上つ□〈ず・づ〉いた。

3 かなづかいがまちがっている字に――を引いて、右側に正しい字を書きましょう。（一つ4点）

〈例〉 きのうわ、図書館え行った。
は
へ

(1) 教科書お、ランドセルにしまう。

(2) 先生のゆうことは、きちんと守ろう。

(3) 道で転んで、はなじが出た。

(4) 母のてずくりのクッキーを食べた。

(5) サッカーの練習おするのに広場え行く。

(6) 親《しん》せきの家え、こずつみを送る。

(7) 毛糸のセーターわ、あらうとちぢんでしまう。

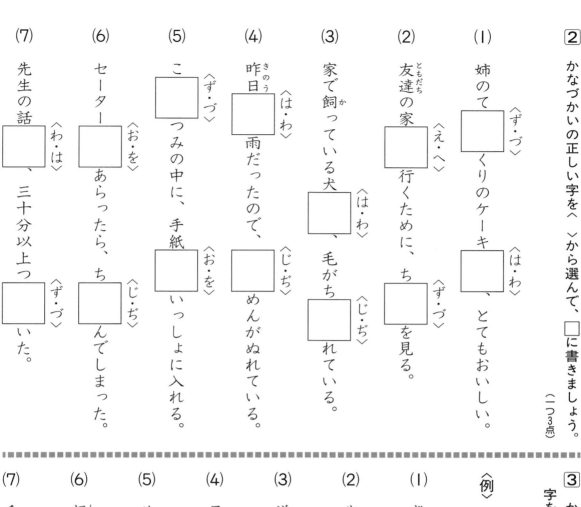

50

符号《ふごう》の使い方①

句点《くてん》(。)と読点(、)の使い方

文を書くときに使う、丸(。)を「句点《くてん》」、点(、)を「読点」といいます。二つをあわせて、「句読点《くとうてん》」といいます。

ぼくは、今日《きょう》の午後、プールへ行った。
雨がふってきたので、試合が中止になった。

句点《くてん》(。)は、文の終わりにつけます。
読点(、)は、文の中の意味の切れめにつけます。

読んでみよう

- 母と姉は、駅の近くのケーキ屋さんへ行った。
- 先週、プールへ行って、平泳ぎを練習した。
- 教室にもどると、授業《じゅぎょう》が始まっていた。
- 市のプールへ行ったが、工事で泳げなかった。
- ドアをノックした。でも、だれも出てこなかった。
- 何度も練習すれば、うまくなるだろう。
- いいえ、ぼくは五年生です。
- 大きな荷物を持ったおばあさんが、ゆっくり歩いていた。

1 次の文や文章に、句点《くてん》(。)と読点(、)を、一つずつ書きましょう。(一つ2点)

(1) わたしは□図書館で□本を借りてきた□
(2) 弟と□父は□庭でキャッチボールをしている□
(3) 今日《きょう》は□学校で□むずかしいテストがある□
(4) わたしは□友達《ともだち》の家に□遊びに行ってきた□
(5) 母と□姉は□台所でクッキーを作っている□
(6) 公園へ行ったが□遊ばないで□帰ってきた□
(7) ドアを何度もノックした□しかし□だれも□出てこなかった。
(8) 朝礼のとき□先生が□今日《きょう》の連《れん》らくをした□

得点
点

2 次の文や文章に、読点(、)を、一つずつ書きましょう。(一つ5点)

(1) 公園へ□行って□ぶらんこに□乗った。

(2) 花屋さんへ□行って□ばらとゆりを□買った。

(3) 今日《きょう》は□体育の□授業《じゅぎょう》でサッカーを□した。

(4) 先週□美術館《びじゅつかん》に行って、絵を□見てきた。

(5) 何度も□よんでみたが□返事が□なかった。

(6) 急に□雨がふってきたので□急いで□雨やどりを□した。

(7) 今日《きょう》は、学校で□テストが□あったが□あまり□よく□できなかった。

(8) 明日《あす》は、母の□たん生日なので□姉と□二人《ふたり》でケーキを□作る予定だ。

3 次の文や文章に、読点(、)を、一つずつ書きましょう。(一つ4点)

(1) わたしは　友達《ともだち》と　図書館へ　行った。

(2) 弟は　サッカーと　野球が　好きだ。

(3) 今日《きょう》は　学校で　算数の　テストが　ある。

(4) 教室に　もどると　先生が　来ていた。

(5) 雨が　ふって　きた。
さらに　かみなりも　光った。

(6) わたしは　花屋さんで　ばらと　ゆりを
買ってきた。

(7) 電車と　バスを　乗りついで　おじの
家へ　行く。

51 符号《ふごう》の使い方②

かぎ(「 」)、中点(・)、ダッシュ(――)

①かぎ(「 」)の使い方。

㋐「早く行こう。」と、弟が言った。

㋑「星座《せいざ》の話」という本を読んだ。

㋒「星は明るさによって、等級が決まっている。」と書かれていた。

㋓「おもしろいんだな。」と思った。

㋐は会話、㋑は書名、㋒は引用、㋓は思ったことを表すときに使っています。

②中点(・)の使い方。

●ケーキ・アイス・クッキーの中から食べたい物を一つ選ぶ。

中点(・)は、言葉をならべるときに使います。

③ダッシュ(――)の使い方。

㋐ぼくの夢《ゆめ》――プロ野球の選手になること――を語る。

㋑試合に負けてしまった。もっと練習していれば――。

㋐は説明を補《おぎな》う場合、㋑は文末を言い切りの形ではなく、文のとちゅうで止める(後の言葉を省略《しょうりゃく》する)場合に使います。

1 符号《ふごう》の使い方が正しいほうに、〇をつけましょう。(一つ6点)

(1)
( ) 妹が、ねむりひめという「本を手に」した。
( ) 妹が、「ねむりひめ」という本を手にした。

(2)
( ) ぼくの夢《ゆめ》――水泳選手になること――を話す。
( ) ぼくの夢《ゆめ》は、水泳選手――になる――です。

(3)
( ) 花屋さんに、赤、白、ピンクの・花がある。
( ) 花屋さんに、赤・白・ピンクの花がある。

(4)
( ) もっと勉強しておけば――。
( ) もっと――勉強しておけば。

(5)
( ) このベンチは「ペンキぬりたて」です、とはり紙に書かれていた。
( ) 「このベンチはペンキぬりたてです。」とはり紙に書かれていた。

得点　　点

2 次の符号《ふごう》の働きを［　　］から選んで、記号を書きましょう。（一つ6点）

(1) 句点《くてん》（。）……（　　）

(2) 読点（、）……（　　）

(3) かぎ（「　」）……（　　）

(4) 中点（・）……（　　）

(5) ダッシュ（——）……（　　）

- **ア** 会話、書名、引用、思ったことを表すときに使う。
- **イ** 文の終わりにつける。
- **ウ** 言葉をならべるときに使う。
- **エ** 文の中の意味の切れめにつける。
- **オ** 説明を補《おぎな》ったり、文末をとちゅうで止める場合に使う。

---

3 次の文や文章の——の部分を、〈　〉の符号《ふごう》を使って書きかえましょう。（一つ10点）

(1) 店先には、みかんりんごバナナが、たくさんならんでいた。〈**中点**（・）〉

（みかん・りんご・バナナが）

(2) 動物の生活という本を図書館で借りてきた。〈**かぎ**（「　」）〉

（　　）

(3) 今年の目標最後までがんばるを紙に書いた。〈**ダッシュ**（——）〉

（　　）

(4) ろう下を走ってはいけません。と、はり紙に書かれていた。〈**かぎ**（「　」）〉

（　　）

52 復習《ふくしゅう》ドリル⑦

1 〈 〉の言葉を、文に合う形で（ ）に書きましょう。（一つ6点）

(1) 〈話す〉
これから、みんなの前で（ ）ます。

(2) 〈走る〉
ろう下をばたばたと（ ）ない。

(3) 〈泳ぐ〉
今年《ことし》の夏休みは、海で（ ）う。

(4) 〈わかい〉
祖母《そぼ》も昔は（ ）た。

(5) 〈うれしい〉
（ ）ば、自然と笑い顔になる。

2 ――の言葉の送りがなを書きましょう。（一つ3点）

(1) 風がいきおいよくふく。
勢（ ）

(2) こころよく引き受ける。
快（ ）

(3) 青空に雲があらわれる。
現（ ）

(4) 遊びのさそいをことわる。
断（ ）

(5) 姉が教師《きょうし》をこころざす。
志（ ）

(6) 問題の答えをたしかめる。
確（ ）

(7) 実験を成功へみちびく。
導（ ）

得点
点

3 かなづかいがまちがっている字に——を引いて、右側に正しい字を書きましょう。（一つ2点）

〈例〉昨日わ、プールえ行った。
（は　へ）

(1) セーターおあらっている間、待ちつずけた。

(2) ぢかんがあったので、おやつお食べた。

(3) 今朝《けさ》わ雨だったので、ぢめんがぬれている。

(4) 公園え行ったと、姉はゆった。

(5) ちづを見ながら、親せきの家え向かう。

(6) 母のてずくりのケーキわ、とてもおいしかった。

(7) 先生のゆうことお、よく聞いている。

---

4 次の文や文章に、読点（、）を一つずつ書きましょう。（一つ3点）

(1) わたしと 友達《ともだち》は プールへ 行った。

(2) 今日《きょう》 台所で ケーキを 作った。

(3) 家へ 帰ると 祖母《そぼ》が 来ていた。

(4) ドアを ノックしたが だれも いなかった。

(5) 弟は サッカーが 好きだ。
そして 野球も 好きだ。

(6) 駅の 近くの 花屋さんへ 行って ばらと ゆりを 買ってきた。

(7) マラソン大会が 近いので 友達《ともだち》と 二人《ふたり》で 練習する 予定だ。

53 こそあど言葉①

こそあど言葉の働き

言葉の初めに「こ・そ・あ・ど」がついていて、ものごとなどをさし示《しめ》す言葉を「こそあど言葉」といいます。

	こ（話し手に近い）	そ（相手に近い）	あ（どちらからも遠い）	ど（はっきりしない）
ものごと	これ	それ	あれ	どれ
	この	その	あの	どの
場所	ここ	そこ	あそこ	どこ
方向	こちら	そちら	あちら	どちら
	こっち	そっち	あっち	どっち
様子	こんな	そんな	あんな	どんな
	こう	そう	ああ	どう

読んでみよう

- **これ**は、父の本です。
  それは、父の本です。
  あれは、父の本です。
  どれが、父の本ですか。
- **こちら**が、駅です。
  そちらが、駅です。
  あちらが、駅です。
  どちらが、駅ですか。
- **ここ**が、トイレです。
  そこが、トイレです。
  あそこが、トイレです。
  どこが、トイレですか。
- **こんな**色が好きです。
  そんな色が好きです。
  あんな色が好きです。
  どんな色が好きですか。

1 次の空いている□にあてはまる、こそあど言葉を書きましょう。（一つ3点）

	こ	そ	あ	ど
ものごと	これ	(1)	あれ	(2)
	(3)	その	(4)	どの
場所	ここ	(5)	あそこ	(6)
方向	(7)	そちら	(8)	どちら
	(9)	そっち	あっち	どっち
様子	こんな	(10)	あんな	(11)
	こう	そう	(12)	どう

得点

点

2 次のとき、どんなこそあど言葉を使いますか。[ ]から選んで、二つずつ書きましょう。（一つ3点）

(1) 話し手に近いとき。……（　　）（　　）

(2) 相手に近いとき。……（　　）（　　）

(3) どちらからも遠いとき。……（　　）（　　）

(4) はっきりしないとき。……（　　）（　　）

あれ・そこ・これ・あそこ
ここ・どれ・どこ・それ

3 （　）に合うこそあど言葉を、[ ]から選んで書きましょう。（一つ8点）

(1) （　　）は、わたしのかばんです。
これ・この・どれ

(2) （　　）まで行きますか。
あんな・どれ・どこ

(3) （　　）が出口です。
その・こちら・どちら

(4) （　　）かさは、父のものです。
この・あれ・そっち

(5) （　　）すれば、うまくいきます。
そんな・どの・こう

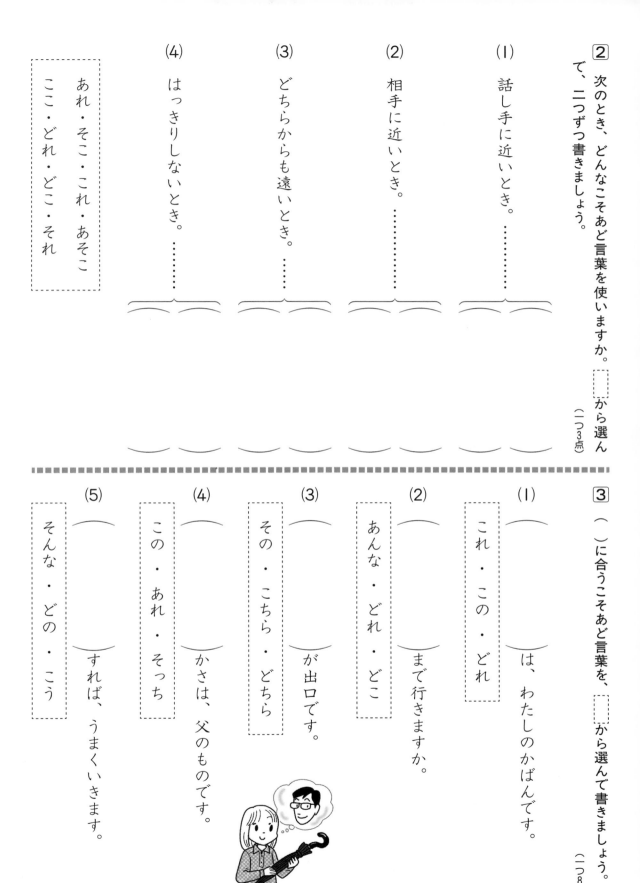

54 こそあど言葉②

こそあど言葉の使い方

「こそあど言葉」は、文章中のことがらをさし示《しめ》しています。

大きな建物が見えます。
あれは、学校です。

あれは、「大きな建物」をさしています。
このように、「こそあど言葉」は、主に前に出ていることがらをさしています。
また、**あれ**に「大きな建物」をあてはめてみて、文の意味が通れば、さしていることがらが合っていることが確《たし》かめられます。

読んでみよう

- 父が大きな箱を持っていた。**そこ**には、子犬が入っていた。
- げん関《かん》に黒いくつがあった。**それ**は、おじさんのものだった。
- 昨日《きのう》、駅前の広場で友人に会った。**そこ**には、季節の花が植えてあった。

得点　　点

1 □のこそあど言葉がさしていることがらを選んで、○をつけましょう。（一つ5点）

(1) 昨日《きのう》、新しいノートを買った。**それ**を国語の時間に使った。

（　）昨日《きのう》
（　）新しいノート

(2) 姉が図書館に行った。わたしも**そこ**へ行くことにした。

（　）図書館
（　）姉

(3) わたしのつくえの上にペンがあった。**これ**は、いったいだれのものだろう。

（　）つくえ
（　）ペン

2 □のこそあど言葉がさしていることがらを書きましょう。（一つ7点）

(1) 駅で新幹線《しんかんせん》を見た。弟は［それ］に乗りたいと言った。

(2) グラウンドに新しい木を植えた。［そこ］には、花や木がたくさん植えられている。

(3) 公園の中には、きれいなふん水《すい》があります。［それ］の周りにはたくさんの人が集まってきます。

(4) 動物園にかわいらしい動物が、たくさんいた。姉は［それら］の写真をとっていた。

(5) 近所の店のたい焼きはとてもおいしい。［あれ］は、夕方には売り切れてしまう。

3 □のこそあど言葉がさしていることがらを書きましょう。（一つ10点）

(1) 今日《きょう》、青い服を着ていった。［それ］は、先週、母が買ってくれたものだ。

(2) わたしと弟は、駅前の交番に入った。［そこ］で、病院までの行き方を教えてもらった。

(3) 昨日《きのう》、美しい絵はがきがとどいた。［それ］は、旅行中の姉が送ってくれたものだった。

(4) 学校へ行くとちゅうに、小さな公園がある。［そこ］には、いつもねこがいる。

(5) 父が大きな箱を持ってきた。［それ］には、わたしへのプレゼントが入っていた。

55 文をつなぐ言葉①

得点
点

文をつなぐ言葉の種類

今日《きょう》はとても寒い。

文をつなぐ言葉（接続語《せつぞくご》）には、次のようなものがあります。

①前の文の当然の結果が後に続く。

だから、それで、すると、ですから、

コートを着ていった。

②前の文と反対のことがらが後に続く。

でも、けれども、しかし、ところが、

コートを着ていかなかった。

③前の文に付け加えたりならべたりする。

また、さらに、そして、そのうえ、

雨もふってきた。

④前の文と話題を変える。

さて、ところで、では、ときに、

明日《あす》の天気はどうだろう。

1 □の言葉の働きを[ ]から選んで、記号を書きましょう。（同じ記号を二回使ってもよい。）（一つ5点）

(1) 昨日《きのう》、雨だった。でも、今日《きょう》は晴れた。……（　　）

(2) 今日《きょう》は、とても寒い。だから、セーターを着る。……（　　）

(3) かぜをひいた。さらに、熱も出てきた。……（　　）

(4) 今日《きょう》は雨だ。ところで、明日《あす》は遠足です。……（　　）

(5) 今日《きょう》は、晴れている。しかし、とても寒い。（　　）

(6) 雨がふった。そのうえ、かみなりも鳴《な》った。（　　）

ア 前の文の当然の結果が後に続く。
イ 前の文と反対のことがらが後に続く。
ウ 前の文に付け加えたりならべたりする。
エ 前の文と話題を変える。

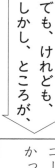

2 ［　］の言葉と同じような働きをする言葉を、［　］から選んで書きましょう。（同じ言葉を二回使ってもよい。）（一つ7点）

(1) 学校まで走っていった。［それで］、あせをかいた。（　　）

(2) きらいな食べ物が給食に出た。［しかし］、残さず食べた。（　　）

(3) 雨がふってきた。［そのうえ］、風までふいてきた。（　　）

(4) 今日《きょう》はいい天気ですね。［さて］、授業《じゅぎょう》を始めます。（　　）

(5) 早く学校に着いた。［ところが］、わすれ物をして、取りに帰った。（　　）

では・でも・だから・さらに

3 （　）に合う言葉を、［　］から選んで書きましょう。（一つ7点）

(1)

① バス停《てい》まで走った。（　　）、間に合わなかった。

② バス停《てい》まで走った。（　　）、間に合った。

それで・しかし・さらに

(2)

① 犬を飼《か》っている。（　　）、小鳥も飼《か》っている。

② 犬を飼《か》っている。（　　）、毎日散歩に連れていく。

③ 犬を飼《か》っている。（　　）、犬小屋がない。

さて・また・でも・だから

56 文をつなぐ言葉②

文をつなぐ言葉には、一つの文の中で二つのことがらをつなぐものもあります。

同じ働きをする言葉

㋐ 雨がふった。
　だから、びしょぬれになった。

㋑ 雨がふった**ので**、びしょぬれになった。

同じ意味のことがらを、㋐は二つの文で、㋑は一つの文で表しています。「ので」のかわりに、「から」を使っても一つの文にすることができます。

読んでみよう

- 雨がふった。**しかし**、服はぬれなかった。
  雨がふった**けれど**、服はぬれなかった。
  ※「けれど」のかわりに、「のに」「が」「ても」も使えます。（雨がふっ**ても**、服はぬれない。）
- ぼくはバナナが好きだ。**また**、りんごも好きだ。
  ぼくはバナナが好きだ**し**、りんごも好きだ。
- 風がふいた。**すると**、木の葉が飛んだ。
  風がふく**と**、木の葉が飛んだ。
  ※「と」のかわりに、「ば」も使えます。（風がふけ**ば**、木の葉が飛ぶ。）

1 文に合うほうの言葉を、○で囲みましょう。（一つ4点）

(1) おそい時間になった｛ので／のに｝、すぐにねた。

(2) 雨がふってきた｛ので／のに｝、試合は続いた。

(3) 風がふく｛けれど／と｝、木の葉がゆれた。

(4) 厚手《あつで》のコートを着た｛が／し｝、寒かった。

(5) わたしは犬が大好きだ｛し／から｝、ねこも好きだ。

(6) 暑くなった｛のに／ので｝、上着をぬいだ。

得点　　点

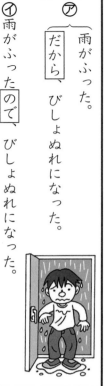

2 二つの文を、〈 〉の言葉を使って、意味を変えないで一つの文に書きかえましょう。（一つ9点）

(1) 雨がふった。でも、試合を続けた。〈が〉

雨がふったが、試合を続けた。

(2) ぼくはプリンが好きだ。また、アイスも好きだ。〈し〉

(3) 朝、家を出た。すると、庭に花がさいていた。〈と〉

(4) 雨がふった。だから、かさをさした。〈ので〉

3 次の文を、[　]の言葉を使って、意味を変えないで二つの文に書きかえましょう。（一つ10点）

(1) あたたかいコートを着たから、寒くなかった。

あたたかいコートを着た。だから、寒くなかった。

(2) 天気予報《てんきよほう》は晴れだったが、雨がふってきた。

(3) わたしは犬を飼《か》っているし、ねこも飼《か》っている。

(4) 急いで水を飲むと、むせて苦しくなった。

また・でも・すると・だから

57 復《ふく》習《しゅう》ドリル⑧

1 次の空いている□にあてはまる、こそあど言葉を書きましょう。（一つ2点）

	もの ごと		場所	方向		様子	
こ	(1)	この	(5)	こちら	こっち	(10)	こう
そ	それ	(3)	そこ	(7)	(9)	そんな	(12)
あ	(2)	あの	(6)	あちら	あっち	(11)	ああ
ど	どれ	(4)	どこ	(8)	どっち	どんな	どう

2 □のこそあど言葉がさしていることがらを書きましょう。（一つ6点）

(1) 兄がプールへ行く。わたしもいっしょに、[そこ]へ行きたい。

（　　　　）

(2) 家の近くに、小さな林がある。[あそこ]へは、行ってはいけないと言われている。

（　　　　）

(3) 冷ぞう庫の中にプリンが入っていた。[あれ]は、だれが買ってきたのだろう。

（　　　　）

(4) 学校の近くに、大きな公園がある。[そこ]には、きれいな花がたくさんさいている。

（　　　　）

得点

点

3 □の言葉の働きを□から選んで、記号を書きましょう。（一つ4点）

(1) 熱を出した。そのうえ、せきも出てきた。（　）

(2) 昨日《きのう》は雨だった。でも、今日《きょう》は晴れている。（　）

(3) 今日《きょう》は寒いですね。ところで、明日《あす》は遠足です。（　）

(4) のどがかわいた。だから、水を飲んだ。（　）

(5) 雨がふってきた。さらに、かみなりも鳴り始めた。（　）

(6) 今日《きょう》は、長い時間、運動をした。それで、とてもつかれた。（　）

(7) 友人と図書館へ行った。しかし、今日《きょう》は休館日だった。（　）

ア 前の文の当然の結果が後に続く。
イ 前の文と反対のことがらが後に続く。
ウ 前の文に付け加えたりならべたりする。
エ 前の文と話題を変える。

4 次の文を、□の言葉を使って、意味を変えないで二つの文に書きかえましょう。（一つ6点）

(1) わたしには、兄がいるし、姉もいる。

(2) 夜空を見上げると、星がたくさん見えた。

(3) 台風は通《とお》り過《す》ぎたが、学校は休みになった。

(4) 天気予報《てんきよほう》は雨だったので、かさを持ってきた。

けれども ・ だから ・ また ・ すると

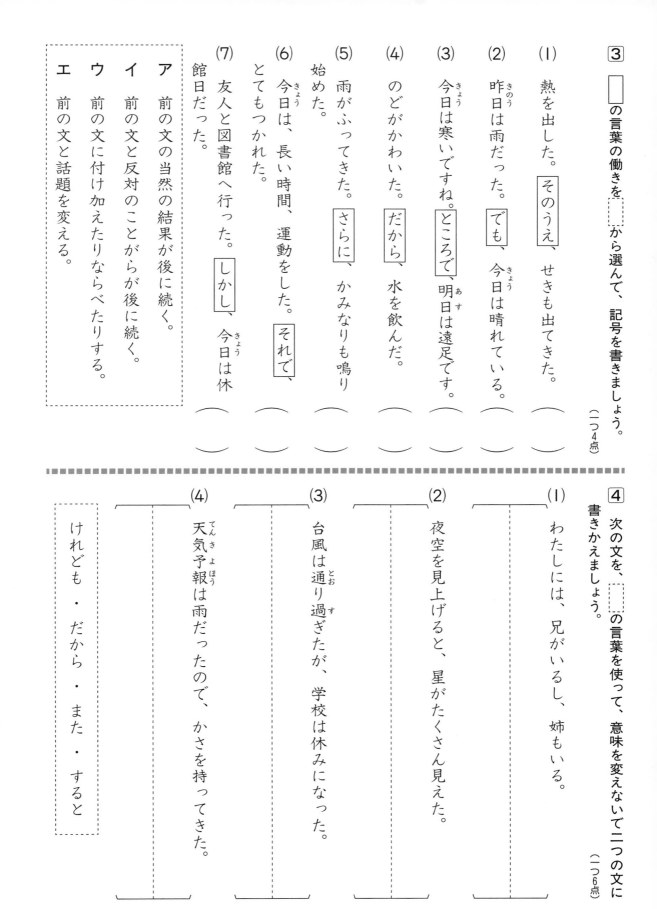

58 いろいろな言い方①

人から聞いた言い方と様子をおし量る言い方

文の終わりの形を変えると、いろいろな言い方の文になります。

①人から聞いた言い方（伝聞《でんぶん》表現《ひょうげん》）。

姉が休む。
↓
休むそうだ。
休むということだ。

②様子をおし量る言い方（推量《すいりょう》表現《ひょうげん》）。

荷物がとどく。
↓
とどくだろう。
とどくようだ。
とどくらしい。
とどきそうだ。

「そうだ」の使い方に注意して、①と②の意味で使い分けましょう。

読んでみよう 「そうだ」の使い分け。

- 今日《きょう》は、雨がふるそうだ。（人から聞いた言い方）
- 今日《きょう》は、雨がふりそうだ。（様子をおし量る言い方）

※「ふる」と「ふり」のちがいに注意しましょう。

1 人から聞いた言い方（伝聞《でんぶん》表現《ひょうげん》）の文に「聞」、様子をおし量る言い方（推量《すいりょう》表現《ひょうげん》）の文に「お」を書きましょう。

（(1)(2)一つ3点、(3)〜(8)一つ4点）

(1) 午後から晴れるそうだ。……（聞）
(2) 午後から雨がふるようだ。……（　）
(3) 旅行二日目の予定が決まるだろう。……（　）
(4) このかぎで、ふたが開くということだ。……（　）
(5) 話がおもしろくて、笑いそうだ。……（　）
(6) 今夜は星が見えるらしい。……（　）
(7) 今夜は満月が見えるそうだ。……（　）
(8) プレゼントを買うだろう。……（　）

得点
点

2 〈　〉の言葉を使って、——の部分を様子をおし量る言い方（推《すい》量表現《りょうひょうげん》）に書きかえましょう。（一つ5点）

(1) 〈だろう〉手紙を読む。

↓（　　　　）

(2) 〈ようだ〉にじが見える。

↓（　　　　）

(3) 〈そうだ〉赤チームが勝つ。

↓（勝ち　　　　）

(4) 〈らしい〉強い風がふく。

↓（　　　　）

(5) 〈ようだ〉部屋《へや》で休む。

↓（　　　　）

(6) 〈そうだ〉テレビのドラマが始まる。

↓（　　　　）

3 「そうだ」を使って、①人から聞いた言い方（伝聞表現《ひょうげん》）の文と、②様子をおし量る言い方（推量表現《すいりょうひょうげん》）の文に書きかえましょう。（一つ5点）

(1) 午後、雨がふる。

① 午後、雨がふるそうだ。

② 午後、雨がふりそうだ。

(2) あの子は、やさしい。

①（　　　　）

②（　　　　）

(3) 多数決で決まる。

①（　　　　）

②（　　　　）

(4) 父は、早く出かける。

①（　　　　）

②（　　　　）

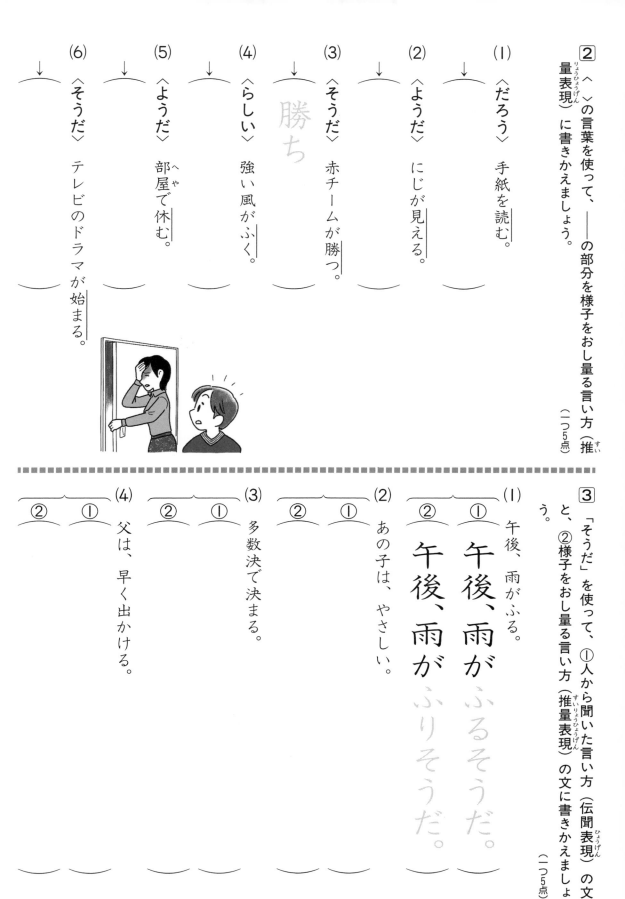

59 いろいろな言い方②

受け身の言い方

文の終わりに、「れる」「られる」を使うと、人や物に何かをされる、受け身の言い方になります。

姉が、弟を笑う。→弟が、姉に笑われる。

犬が、妹にほえる。→妹が、犬にほえられる。

「笑われる」のは弟で、「ほえられる」のは妹です。このように、「〜される」側を主語にした文を**「受け身の文」**といいます。

読んでみよう

- ねこが、ねずみを追う。
  ねずみが、ねこに追われる。（受け身の文）
- 犬が、子どもを助ける。
  子どもが、犬に助けられる。（受け身の文）

1 次の言葉を、「れる」か「られる」を使って、受け身の形に書きかえましょう。（一つ5点）

〈例〉 書く →（書かれる）　食べる →（食べられる）

(1) 助ける →（　　　　）

(2) 見る →（　　　　）

(3) しかる →（　　　　）

(4) よぶ →（　　　　）

(5) だく →（　　　　）

(6) 泣かす →（　　　　）

(7) 覚える →（　　　　）

(8) 育てる →（　　　　）

得点　　点

2 次の文を受け身の文に書きかえるとき、（　）に合う言葉を書きましょう。（一つ5点）

(1) 犬が、妹に　ほえる。
↓（妹が）、犬に　ほえられる。

(2) 姉が、弟を　笑う。
↓弟が、（　　　）笑われる。

(3) ねこが、ねずみを　追う。
↓ねずみが、ねこに（　　　）。

(4) おばが、姉を　好く。
↓（　　　）、おばに　好かれる。

(5) 祖母《そぼ》が、わたしを　なでる。
↓わたしが、（　　　）なでられる。

(6) 親が、子を　見守る。
↓子が、親に（　　　）。

3 次の文を、——の言葉を主語にして、受け身の文に書きかえましょう。（一つ5点）

(1) 母親が、<u>弟</u>をよぶ。
（弟が、母親によばれる。）

(2) 兄が、<u>妹</u>を泣かす。
（　　　）

(3) わたしが、<u>鳥</u>を育てる。
（　　　）

(4) 父親が、<u>赤ちゃん</u>をだく。
（　　　）

(5) 先生が、<u>ぼく</u>をしかる。
（　　　）

(6) おじが、<u>弟</u>を見る。
（　　　）

60 いろいろな言い方③

そのほかの言い方

58・59回（116・118ページ）の言い方のほかにも、次のようなものがあります。

①命令する言い方。

テレビを見なさい。

②希望する言い方。

テレビを見たい。

③たのむ言い方。

テレビを見てください。
テレビを見てくれ。

④さそう言い方。

テレビを見ましょう。
テレビを見よう。

⑤たずねる言い方（疑問《ぎもん》）。

テレビを見ますか。
テレビを見るの。

⑥打ち消す言い方（否定《ひてい》）。

テレビを見ません。
テレビを見ない。

1 〈　〉の言い方の文に、○をつけましょう。 （(1)〜(3)一つ4点、(4)〜(6)一つ5点）

(1) 〈たずねる言い方〉
（　）プールに行きますか。
（　）プールに行きましょう。

(2) 〈希望する言い方〉
（　）本を読みなさい。
（　）本を読みたい。

(3) 〈さそう言い方〉
（　）公園に行きましょう。
（　）公園に行きません。

(4) 〈打ち消す言い方〉
（　）えい画《が》を見てください。
（　）えい画《が》を見ません。

(5) 〈たのむ言い方〉
（　）いっしょに行ってください。
（　）いっしょに行きますか。

(6) 〈命令する言い方〉
（　）宿題をしません。
（　）宿題をしなさい。

得点
点

2 ――の言葉を、〈　〉の言い方に変えます。[　]から選んで書きましょう。（一つ5点）

(1) 作文を書く。**〈命令する言い方〉**

→（書きなさい）

[書こう・書きなさい]

(2) 海で泳ぎます。**〈たずねる言い方〉**

→（　　）

[泳ぎますか・泳ぎません]

(3) ケーキを食べる。**〈希望する言い方〉**

→（　　）

[食べよう・食べたい]

(4) テレビを見ます。**〈打ち消す言い方〉**

→（　　）

[見ません・見たい]

(5) 電話をかける。**〈たのむ言い方〉**

→（　　）

[かけたい・かけてください]

3 ――の言葉を、〈　〉の言い方に書きかえましょう。（一つ8点）

(1) 早くねる。**〈命令する言い方〉**

→（ねなさい）

(2) 本を読む。**〈希望する言い方〉**

→（　　）

(3) 勉強を教える。**〈たのむ言い方〉**

→（　　）

(4) プールに行く。**〈さそう言い方〉**

→（　　）

(5) テニスをする。**〈たずねる言い方〉**

→（　　）

(6) テレビを見る。**〈打ち消す言い方〉**

→（　　）

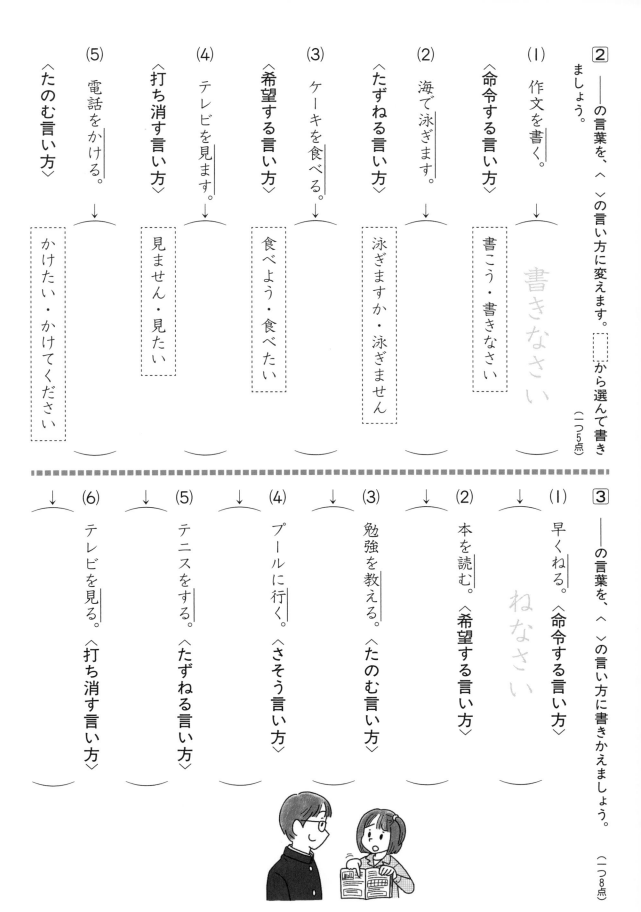

61 いろいろな言い方④

たとえる言い方

あるものの特《とく》ちょうや性質《せいしつ》をちがうものにたとえることで、その様子をありありと想像《そうぞう》させることができます。

> 花びらが、
> まるで雪のように
> まい散る。

「まるで～ように（ような）」という言い方で、花びらがまい散る様子を、「雪」にたとえています。

※「ように（ような）」だけを使う場合もあります。

読んでみよう

- まるで絵のような美しい風景が広がる。
- りんごのようなほっぺをした赤ちゃん。

方言と共通語

方言…その地方の人たちが、親しい人たちと話をするときに使う、昔ながらの表現《ひょうげん》や言葉づかいを「方言」といいます。

共通語…どの地方にもわかる話し方や言葉づかいを「共通語」といいます。

1 ――の使い方が正しい文に、○をつけましょう。（一つ4点）

(1)
（　）まるで夏のように暑い日。
（　）まるで夏は暑くて仕方がない。

(2)
（　）この部屋《へや》は昼間のように明るさだ。
（　）この部屋《へや》は昼間のような明るさだ。

(3)
（　）あの雲は、雪のように白く見える。
（　）あの雲は、雪のような白く見える。

2 方言を使っている文に、○をつけましょう。（一つ5点）

(1)
（　）だめだよ、しっかりしてよ。
（　）いかんぜ、しっかりしいや。

(2)
（　）そんな遠くまで行かれへん。
（　）そんなに遠くまで行けません。

得点　　点

3 次の文章は、方言と共通語について説明したものです。（　）に合う言葉を、[　]から選んで書きましょう。（一つ6点）

方言は、その(1)（　　　）の人たちが、親しい人たちと話をするときに使う、(2)（　　　）ながらの表現《ひょうげん》や言葉づかいのことです。
どの地方にも(3)（　　　）話し方や言葉づかいを(4)（　　　）といいます。

昔　・　地方　・　共通語　・　わかる

4 たとえる言い方の文になるように、（　）に合う言葉を書きましょう。（一つ6点）

(1) うさぎの毛は、雪の（　　　）白い。

(2) りんごの（　　　）ほっぺたをした赤ちゃん。

(3) 手のひらを広げた（　　　）葉っぱ。

5 （　）に合う言葉を[　]から選んで、たとえる言い方の文にしましょう。（一つ6点）

(1) 兄は（　　　）のように走るのが速い。

(2) まるで（　　　）のようにつるつるすべる。

(3) 人が（　　　）のように小さく見えた。

(4) （　　　）にかいたような風景だ。

(5) 建物の中が（　　　）のように明るい。

(6) 花びらが（　　　）のようにまい散る。

米つぶ　・　昼間　・　氷
雪　・　チーター　・　絵

62 敬語《けいご》の使い方①

敬語《けいご》の種類

人に敬意《けいい》を表したり、ていねいに言ったりする言い方を、「敬語《けいご》」といいます。

①ていねい語《ご》（相手に敬意《けいい》を表す）。

●わたしが山田です。　●ぼくがむかえに行きます。

「です」「ます」などを文の終わりに付けます。

②尊敬語《そんけいご》（相手や話題になっている人をうやまう）。

●先生のお言葉。（言葉）　●先生が行かれる。（行く）
●先生がお聞きになる。（聞く）　●先生がおっしゃる。（話す）
●先生がごらんになる。（見る）　●お客様がめし上がる。（食べる）
●お客様がいらっしゃる。（来る・いる・行く）

相手や話題になっている人の動作を高めて言う言葉です。

③けんじょう語《ご》（自分や身内の人をけんそんして言う）。

●父がお会いする。（会う）　●ぼくがはい見《けん》する。（見る）
●母がうかがう。（行く・聞く・たずねる）　●わたしが参る。（来る・行く）

自分や身内の人の動作を低めて言う言葉です。

1 次の敬語《けいご》を説明した文章の（　）に合う言葉を、[　]から選んで書きましょう。（一つ5点）

(1) ていねい語《ご》は、「です」「ます」などの①（ていねい）な言葉を使って、相手に②（　　　）を表す言い方です。

(2) 尊敬語《そんけいご》は、相手や①（　　　）になっている人を②（　　　）ときに使います。

(3) けんじょう語《ご》は、①（　　　）や身内の人を②（　　　）して言うときに使います。

敬意《けいい》・うやまう・けんそん
話題・ていねい・自分

得点
点

2 敬語《けいご》を使っている文に、○をつけましょう。（一つ5点）

(1)
（　）わたしは、友達《ともだち》と図書館に行く。
（　）わたしは、友達《ともだち》と図書館に行きます。

(2)
（　）先生が、いっしょに行かれます。
（　）先生が、いっしょに行く。

(3)
（　）母が先生にお話しする。
（　）母が先生に話す。

(4)
（　）これは、ぼくのグローブだ。
（　）これは、ぼくのグローブです。

(5)
（　）校長先生が会う。
（　）校長先生がお会いになる。

(6)
（　）ぼくが、先生の写真をはい見《けん》する。
（　）ぼくが、先生の写真を見る。

3 ――の敬語《けいご》の種類を□から選んで、記号を書きましょう。（一つ4点）

(1) 先生が教室で話される。……（　）
(2) 父がうかがう予定です。……（　）
(3) わたしが、松本ひろ子です。……（　）
(4) お客様が絵をごらんになる。……（　）
(5) ぼくも、できるだけ早く行きます。……（　）
(6) 先生からのお手紙をはい見《けん》する。……（　）
(7) 先生がおっしゃるようにする。……（　）
(8) 母が参るそうです。……（　）
(9) 兄が、お客様の荷物をお持ちする。……（　）
(10) お客様がお帰りになるそうです。……（　）

ア ていねい語《ご》　イ 尊敬語《そんけいご》　ウ けんじょう語《ご》

63 敬語《けいご》の使い方②

尊敬語《そんけいご》とけんじょう語《ご》

①**尊敬語《そんけいご》の言い方。**

● 先生が用紙を配られる。（配る）
● 先生がお読みになる。（読む）
● 先生がいらっしゃる。（来る・いる・行く）

尊敬語《そんけいご》には、「配られる」のような「れる・られる」をつける言い方や「お読みになる」のような「お（ご）〜になる」の言い方、「いらっしゃる」のような特別な言い方があります。

覚えよう
● 通られる・歩かれる・行かれる・教えられる
● お話しになる・ご説明になる
●（**特別な言い方**）なさる（する）・めし上がる（食べる）

②**けんじょう語《ご》の言い方。**

● 父がごあいさつする。（あいさつする）
● 母がうかがう。（行く・聞く・たずねる）

けんじょう語《ご》には、「ごあいさつする」のような「お（ご）〜する」の言い方と、「うかがう」のような特別な言い方があります。

覚えよう
● お話しする・お願いする・ご案内する
●（**特別な言い方**）いたす（する）・参る（行く・来る）・いただく（もらう・食べる）・はい見《けん》する（見る）・申す（言う）

1 ——の敬語《けいご》の意味に合うほうに、○をつけましょう。（一つ5点）

(1) 兄がうかがう。
（　）行く
（　）する

(2) 先生が本をくださる。
（　）見る
（　）くれる

(3) 先生がおっしゃる。
（　）言う
（　）行く

(4) 先生がごらんになる。
（　）見る
（　）行く

(5) 写真をいただく。
（　）あげる
（　）もらう

(6) お客様がめし上がる。
（　）食べる
（　）入る

(7) 絵をはい見《けん》する。
（　）わかる
（　）見る

(8) 先生がいらっしゃる。
（　）言う
（　）来る

得点
点

2 ――の敬語《けいご》の使い方が正しい文に、○をつけましょう。（一つ5点）

(1)
（　）父は、家にいらっしゃいません。
（　）先生は、教室にいらっしゃいません。

(2)
（　）妹が、ケーキをめし上がる。
（　）お客様が、ケーキをめし上がる。

(3)
（　）どうぞお写真をはい見《けん》してください。
（　）お写真をはい見《けん》いたします。

(4)
（　）お客様がお見えになりました。
（　）兄がお見えになりました。

(5)
（　）父がお話しいたします。
（　）父がお話しなさいます。

(6)
（　）弟が「遊びたい。」とおっしゃいました。
（　）先生が、「注意しなさい。」とおっしゃいました。

3 ――の言葉を、特別な言い方を使った、尊敬語《そんけいご》かけんじょう語《ご》に書きかえます。［　］から選んで書きましょう。（一つ6点）

(1) 先生から写真をもらった。
（いただいた）

(2) わたしが、お客様の案内をする。
（　　　）

(3) 先生が、問題の解《と》き方《かた》の説明をする。
（　　　）

(4) 母が「よろしくお願いします。」と言っておりました。
（　　　）

(5) 先生が言ったことは大切なことだった。
（　　　）

［なさる・いただいた・おっしゃった
いたします・くださる・申して］

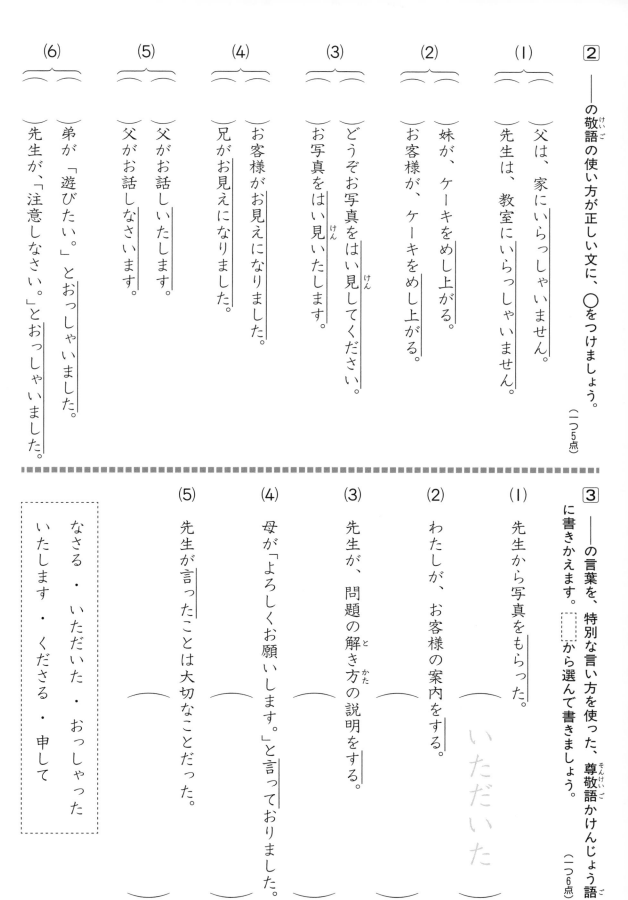

64 復習《ふくしゅう》ドリル⑨

1 ——の言葉を、〈　〉の言い方に書きかえましょう。（一つ5点）

(1) バナナを食べる。〈希望する言い方〉

(2) 牛にゅうを飲む。〈たずねる言い方〉

(3) 宿題をする。〈命令する言い方〉

(4) プールに行く。〈さそう言い方〉

(5) まん画《が》を見る。〈打ち消す言い方〉

2 「そうだ」を使って、①人から聞いた言い方（伝聞表現《ひょうげん》）の文と、②様子をおし量る言い方（推量表現《すいりょうひょうげん》）の文に書きかえましょう。（一つ4点）

(1) 部屋《へや》の明かりが暗い。

①

②

(2) 魚がえさを食べる。

①

②

(3) 店は七時でしまる。

①

②

得点

点

3 ——の言葉を主語にして、受け身の文に書きかえましょう。
（⑴～⑷一つ4点、⑸⑹一つ5点）

(1) 兄が、弟を　笑う。
（弟が、　　　　）

(2) 妹が、ねこを　なでる。
（　　　　）

(3) 父が、兄を　よぶ。
（　　　　）

(4) 犬が、妹を　追いかける。
（　　　　）

(5) ぼくが、子犬を　育てる。
（　　　　）

(6) 母が、弟を　しかる。
（　　　　）

4 ——の言葉を、特別な言い方を使った、尊敬語《そんけいご》かけんじょう語《ご》に書きかえます。□から選んで書きましょう。
（一つ5点）

(1) 先生が教室に来る。
（　　　　）

(2) ぼくの父が言うことを伝える。
（　　　　）

(3) 先生から絵はがきをもらう。
（　　　　）

(4) 母が、そちらに行く。
（　　　　）

(5) 先生が、旅行での注意を言う。
（　　　　）

おっしゃる・申す・うかがう
いらっしゃる・いただく

65 テスト①

1 （　）に合う言葉を、[　]から選んで書きましょう。（一つ2点）

(1) ぜひその本を読んでみ（　　）。

(2) もし出かける（　　）、ぼうしをかぶりなさい。

(3) 父は、たぶん帰りがおそい（　　）。

(4) なぜ、ぞうの鼻は長い（　　）。

(5) まるで雪の（　　）冷たさだった。

(6) まさか試合は中止になら（　　）だろう。

ような・なら・ない・たい・のか・だろう

2 次の言葉で、和語には「和」、漢語には「漢」、外来語には「外」を書きましょう。（一つ2点）

(1) 着物（　　）

(2) オムレツ（　　）

(3) 人《ひと》（　　）

(4) 感想文（　　）

(5) 洋服（　　）

(6) トンネル（　　）

(7) 信号（　　）

(8) おにぎり（　　）

(9) パン（　　）

(10) 研究発表（　　）

(11) 始める（　　）

(12) ワンピース（　　）

(13) 人物（　　）

(14) ゆるやか（　　）

得点
点

3 次の言葉を組み合わせて、一つの言葉を作り、ひらがなで書きましょう。（一つ4点）

(1) 花 ＋ 畑 →

(2) 薬 ＋ 箱 →

(3) 白 ＋ 波 →

(4) 風 ＋ 向き →

(5) 雨 ＋ 雲 →

(6) 長い ＋ くつ →

(7) うで ＋ 時計《とけい》 →

(8) 笑う ＋ 顔 →

4 （　）に合う言葉を［　］から選んで、下の意味に合う慣用句《かんようく》を作りましょう。（一つ4点）

(1) （　）をかたむける…注意して聞く。

(2) （　）が広い…たくさんの人に知られている。

(3) （　）を運ぶ…わざわざ出かけていく。

(4) （　）がかかる…［それをするのに、時間や労力が必要である。］

(5) （　）をはさむ…わりこんでしゃべる。

(6) （　）をくいしばる…くやしさをがまんする。

(7) （　）をなでおろす…［心配ごとがなくなって、安心する。］

足・口・耳・むね・顔・歯・手

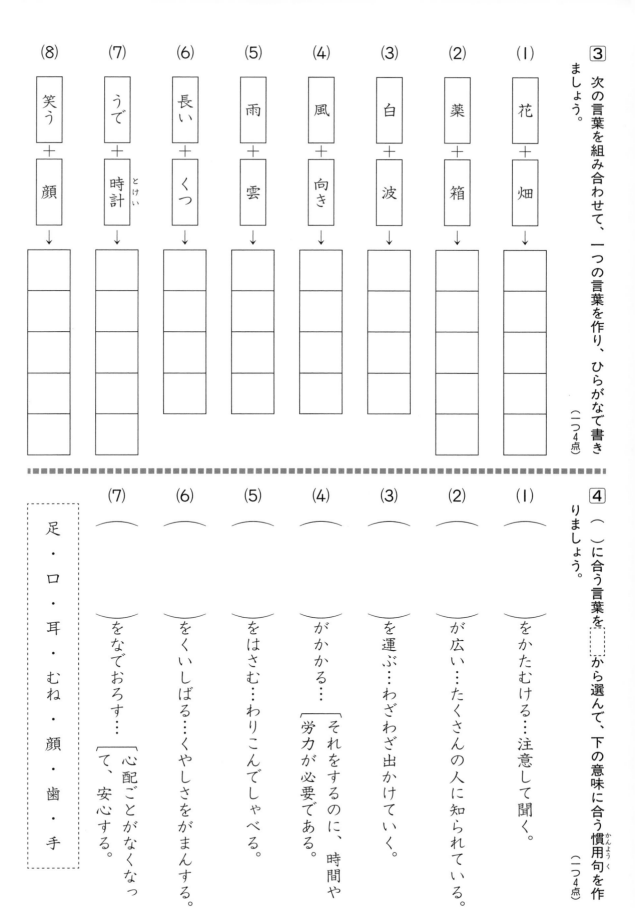

66 テスト②

1 ［　］と読む漢字を、□に書きましょう。（一つ2点）

(1) おう
□急《きゅう》しょ置《ち》をする。
中《ちゅう》□にあるふん水《すい》。

(2) か
判定《はんてい》の結《けっ》□。
商品の□格《かく》。

(3) さい
□害《がい》のニュース。
友人と□会《かい》する。

(4) こう
文章の□成《せい》。
健《けん》□に過《す》ごす。

(5) えき
利《り》□を得《え》る。
大きな貿《ぼう》□会社。

(6) かん
魚を□察《さっ》する。
早起きの習《しゅう》□。

2 ［　］と読む漢字を、□に書きましょう。（一つ2点）

(1) うつ(す)
字を書《か》き□す。
荷物を□す。

(2) と(く)
問題を□く。
教えを□く。

(3) お(る)
紙を二つに□る。
きぬ糸で布《ぬの》を□る。

(4) やぶ(れる)
敵《てき》に□れる。
包み紙が□れる。

(5) はか(る)
身長を□る。
体重を□る。

(6) つと(める)
早起きに□める。
委員長を□める。

得点
□点

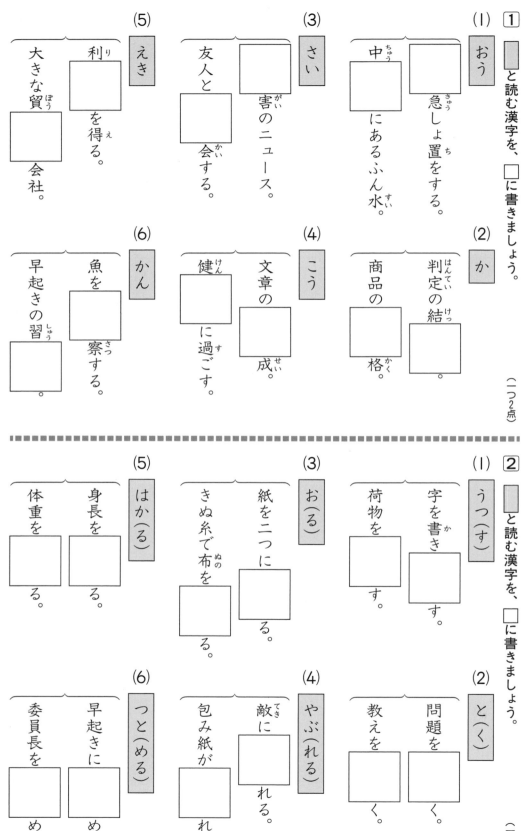

3 漢字のまちがいに——を引いて、右側に正しく書きましょう。

（⑴⑵一つ3点、⑶〜⑹一つ4点）

〈例〉 海低《てい》にすむ魚《さかな》や貝《かい》の仲間《なかま》。　底

⑴ 昨年《さくねん》よりも国語《こくご》の成積《せいせき》が良《よ》くなる。

⑵ 地球《ちきゅう》ぎを回《まわ》して国鏡《こっきょう》をさがす。

⑶ お気《き》に入《い》りの自転車《じてんしゃ》を点険《てんけん》してもらう。

⑷ ノートを見《み》ながら、漢字《かんじ》の複習《ふくしゅう》をする。

⑸ 知識《ちしき》が豊《ゆた》かな近所《きんじょ》のおじいさん。

⑹ 身体側定《しんたいそくてい》をしたら、体重《たいじゅう》が増《ふ》えていた。

---

4 次の組み合わせに合う熟語《じゅくご》を、[　]から選んで書きましょう。

（一つ2点）

⑴ 反対（対《つい》）の意味の漢字の組み合わせ。

（　　　）・（　　　）・（　　　）

⑵ 似《に》た意味の漢字の組み合わせ。

（　　　）・（　　　）・（　　　）

⑶ 上の漢字が下の漢字を修飾《しゅうしょく》する組み合わせ。

（　　　）・（　　　）・（　　　）

⑷ 「〜に」「〜を」にあたる漢字が下にくる組み合わせ。

（　　　）・（　　　）・（　　　）

⑸ 打ち消す漢字が上にくる組み合わせ。

（　　　）・（　　　）・（　　　）

消火・熱湯・内外・無人・着席
不満・木刀・未定・明暗・回転
学習・乗車・白線・生産・長短

67 テスト③

1 □のこそあど言葉がさしていることがらを書きましょう。（一つ5点）

(1) 海で大きな船を見た。弟は[それ]に乗りたいと言った。

（　　　　）

(2) 姉が図書館へ行った。妹も[そこ]へ行くと言った。

（　　　　）

(3) 学校の近くに小さな池がある。[あそこ]には、めだかがたくさん泳いでいる。

（　　　　）

(4) わたしと弟は駅前の交番に入った。[そこ]で、バス停《てい》の場所を教えてもらった。

（　　　　）

(5) わたしのつくえの上にノートがあった。[これ]は、いったいだれのものだろう。

（　　　　）

2 次の文を、□の言葉を使って、意味を変えないで二つの文に書きかえましょう。（一つ5点）

(1) わたしはプリンが好きだし、アイスも好きだ。

（　　　　）

(2) 夜空を見上げたら、満月が見えた。

（　　　　）

(3) とても寒かったので、マフラーをまいた。

（　　　　）

(4) 雨がふってきたけれど、かさを持っていない。

（　　　　）

だから ・ すると ・ しかし ・ また

得点

点

3 次の文を――の言葉を主語にして、受け身の文に書きかえましょう。（一つ5点）

(1) 先生が、生徒を　よぶ。

（　　　　）

(2) 犬が、ねこに　ほえる。

（　　　　）

(3) ぼくが、妹を　泣かす。

（　　　　）

(4) ねこが、姉に　なつく。

（　　　　）

(5) 母親が、赤ちゃんを　だく。

（　　　　）

(6) ねこが、ねずみを　追う。

（　　　　）

---

4 ――の言葉を、特別な言い方を使った、尊敬語《そんけいご》かけんじょう語《ご》に書きかえます。□から選んで書きましょう。（一つ5点）

(1) 父が、「よろしくお願いします。」と言う。

（　　　　）

(2) お客様がケーキを食べる。

（　　　　）

(3) 先生がもうすぐ来る。

（　　　　）

(4) もうすぐ母が行きます。

（　　　　）

(5) 先生の昔の写真を見る。

（　　　　）

いらっしゃる・うかがいます・めし上がる
申し上げる・はい見《けん》する

答え

● 文や文章を使った問題では、文章中の言葉を正解《せいかい》としています。
● 例の答えでは、似《に》た内容《ないよう》が書けていれば正解《せいかい》です。
● 〈 〉は、ほかの答え方です。
● 言葉を書く問題や、漢字の書きの問題では、全部書けて一つの正解《せいかい》となります。

1 仲間の言葉① 2・3ページ

1 (1)ドイツ語 (2)ひらがな (3)加工 (4)さなぎ

2 (1)英語 (2)ひらがな (3)文章 (4)商業・原料 (5)さなぎ・観察

※2(4)(5)は、言葉の順じょがちがっても正かいです。

3 (1)方言・共通語 (2)漢字・ローマ字 (3)あらすじ・要点 (4)工業・産地 (5)よう虫・こん虫

※3は、言葉の順じょがちがっても正かいです。

2 仲間の言葉② 4・5ページ

1 (1)めずらしい (2)働く (3)美しい (4)とつぜん

2 (1)うきうきする・はれやか (2)切ない・しんみりする (3)どなる・いかる (4)たまげる・ぞっとする (5)まじめ・親切

※2は、言葉の順じょがちがっても正かいです。

3 (1)田中君は、とてもやさしい人です。 (2)例犬にほえられて、おどろく。 (3)例くじに外れて、がっかりする。 (4)例祭りに出かけて、うきうきする。

3 言葉の種類① 6・7ページ

1 (1)かさ・かばん (2)走る・食べる (3)強い・新しい (4)ローマ字・学校 (5)登る・喜ぶ (6)太い・高い

2 (1)歌 (2)買う (3)美しい (4)食べる (5)細い

3 (1)図書館・太陽・公園・プール (2)調べる・読む・遊ぶ・泳ぐ (3)むずかしい・まぶしい・広い・浅い

※3は、言葉の順じょがちがっても正かいです。

4 言葉の種類② 8・9ページ

1 (右から)(1)わ・い・お・っ (2)め・め・め・め (3)か・き・け・い (4)ば・び・べ・ん

2 (1)守り (2)笑っ (3)加えれ (4)進ん (5)調べ (6)置い

3 (右から)(1)泣か・泣け・泣い (2)すくい・すくえ・すくっ (3)運び・運ん・運ば・運べ

5 言葉の種類③ 10・11ページ

1 (右から)(1)かっ・く・い・けれ (2)かっ・く・い・けれ (3)かっ・く・く・けれ (4)かっ・く・く・けれ

2 (1)悪く (2)寒く (3)美しかっ (4)苦けれ (5)温かく (6)深く

3 (右から)(1)重かっ・重く・重けれ (2)苦しく・苦しかっ・苦しけれ (3)短く・短く・短けれ・短かっ

6 国語辞典の使い方① 12・13ページ

1 (1) 1 2 (2) 2 1 (3) 2 1 (4) 2 1 (5) 1 3 2 (6) 3 1 2 (7) 1 2 3 (8) 2 3 1

7 国語辞典の使い方② 14・15ページ

1 (1)（◯）（ ） (2)（ ）（◯） (3)（ ）（◯） (4)（◯）（ ）

2 (1)暑い (2)配る (3)高い (4)歩く (5)遠い (6)飛ぶ (7)固い (8)行く

3 (1)すわる (2)読む (3)古い (4)むずかしい (5)聞く (6)速い (7)泳ぐ (8)わかい

8 復習《ふくしゅう》ドリル① 16・17ページ

1 (1)くやしい・がっかりする (2)はらが立つ・かっかする (3)どきっとする・あわてる

2 (1)ア (2)ウ (3)イ (4)イ (5)ア (6)ウ

3 (1)ウ (2)エ (3)ア (4)エ (5)イ (6)ウ

(4)さわやか・ゆかい・はれやか・うきうきする

※①は、言葉の順じょがちがっても正かいです。

② (1)歌・みんな・風景・ライト
(2)歌う・ながめる・照らす
(3)楽しい・美しい・明るい

※②は、言葉の順じょがちがっても正かいです。

③ (1)泣い　(2)習い　(3)乗っ　(4)加え
(5)運ん　(6)調べ

④ (1)寒く　(2)重けれ　(3)短く
(4)美しかっ　(5)温かく　(6)苦しかっ

9 いろいろな働きをする言葉① 18・19ページ

① (1)（◎）（　）　(2)（　）（◎）　(3)（◎）（　）
(4)（◎）（　）　(5)（　）（◎）

② (1)イ　(2)ア　(3)ウ

③ (1)まるで　(2)もし　(3)決して

④ (1)だろう　(2)ような　(3)なら
(4)ない　(5)たい　(6)のか

10 いろいろな働きをする言葉② 20・21ページ

① (1)（◎）（　）　(2)（　）（◎）　(3)（◎）（　）
(4)（◎）（　）　(5)（　）（◎）　(6)（　）（◎）

② (1)①ほど　②まで　③でも
(2)①きり　②ばかり　③さえ

③ (1)ケーキは、これしか残っていない。
(2)例ぼくは、十分ぐらい走る。
(3)例わたしは、クッキーなどのおかしを食べた。
(4)例ぼくは、十時までテレビを見た。

11 いろいろな働きをする言葉③ 22・23ページ

① (1)（　）（◎）　(2)（◎）（　）　(3)（◎）（　）　(4)（　）（◎）
(5)（◎）（　）　(6)（◎）（　）　(7)（　）（◎）　(8)（◎）（　）

② (1)会える　(2)泳げる　(3)持てる
(4)表せる　(5)回れる　(6)書ける
(7)行ける　(8)帰れる　(9)置ける
(10)飲める

③ (1)書ける　(2)泳げる　(3)持てる
(4)話せる　(5)読める　(6)動ける

12 いろいろな働きをする言葉④ 24・25ページ

① (1)（◎）（　）　(2)（　）（◎）　(3)（◎）（　）
(4)（◎）（　）　(5)（　）（◎）　(6)（◎）（　）

② (1)（　）（◎）　(2)（　）（◎）　(3)（　）（◎）
(4)（◎）（　）　(5)（◎）（　）

③ (1)飛行機が飛んでいく。
(2)例ぼくは、新しいグローブを使ってみる。
(3)例わたしは、部屋をそうじしておく。
(4)例ぼくは、コップを落としてしまう。

13 反対の意味の言葉① 26・27ページ

① (1)重い　(2)冷たい　(3)暗い
(4)深い　(5)しめる　(6)おとろえる

② (1)低い　(2)冷たい　(3)重い
(4)やわらかい　(5)起きる　(6)すてる
(7)増える　(8)のびる

③ (1)熱い料理を食べて、冷たい水を飲む。
(2)例浅いプールと深いプールがある。
(3)例ごみを拾って、ごみ箱にすてる。
(4)例ゴムが、のびたりちぢんだりする。

14 反対の意味の言葉② 28・29ページ

① (1)短所　(2)屋内　(3)当選　(4)最初
(5)敗北　(6)不安　(7)得意　(8)成功

② (1)上　(2)下　(3)落　(4)減
(5)得　(6)不　(7)出　(8)外

③ (1)短所〈欠点〉　(2)人工　(3)安心
(4)最後　(5)敗北　(6)結果
(7)失敗　(8)苦手

15 似《に》た意味の言葉 30・31ページ

① (1)ながめる　(2)どなる　(3)ささやく
(4)伝える

② (1)ささやく　(2)つかむ　(3)さけぶ
(4)見わたす　(5)引き受ける

③ (1)（◎）（　）　(2)（　）（◎）　(3)（◎）（　）
(4)（　）（◎）　(5)（◎）（　）　(6)（◎）（　）

16 復習《ふくしゅう》ドリル② 32・33ページ

1 (1)ばかり (2)きり (3)でも
(4)ほど (5)しか

2 (1)運べる (2)会える (3)走れる
(4)はける (5)話せる

3 (1)当選 (2)便利 (3)安心 (4)勝利
(5)増加 (6)成功 (7)人工 (8)平和

4 (1)ない (2)だろう (3)ような
(4)たい (5)なら (6)のか

17 和語・漢語・外来語① 34・35ページ

1 (1)日本 (2)中国 (3)世界 (4)訓 (5)かたい

2 (1)漢 (2)和 (3)外 (4)外 (5)漢 (6)和
(7)和 (8)漢 (9)漢 (10)外 (11)和 (12)外
(13)外 (14)和 (15)漢

3 (1)①日本語 ②訓 ③やわらかい
(2)①中国 ②音 ③かたい
(3)①世界 ②かたかな

18 和語・漢語・外来語② 36・37ページ

1 (1)旅館 (2)ホテル (3)くだもの
(4)フルーツ (5)昼食 (6)ランチ

2 (1){( ) (○)} (2){(○) ( )}

3 (1)㋐・㋖ (2)㋒・㋔ (3)㋑・㋗ (4)㋓・㋕
※3は、記号の順じょがちがっても正かいです。

4 (1)くだもの (2)キッチン (3)試験

19 言葉の組み立て① 38・39ページ

1 (1)たから物 (2)外国人 (3)勉強部屋
(4)ビデオカメラ (5)紙コップ
(6)ソーダ水 (7)話し合う

2 (1)夏休み (2)テニスラケット (3)場
(4)細長い (5)時間 (6)見る
(7)用紙 (8)消しゴム

20 言葉の組み立て② 40・41ページ

1 (1)しらなみ (2)はなばたけ
(3)かなあみ (4)はしらどけい
(5)わらいがお (6)こめだわら

2 (1)かざむき (2)むかしばなし (3)あめ
(4)ながぐつ (5)ふね (6)はこ
(7)くるしい (8)かぜ

3 (1)かなもの (2)くすりばこ (3)しらなみ
(4)あまぐも (5)うでどけい (6)ふなぞこ
(7)かざぐるま (8)こめだわら

21 決まった言い方をする言葉① 42・43ページ

1 (1)口 (2)手 (3)足 (4)むね (5)耳 (6)顔

2 (1)イ (2)カ (3)エ (4)ウ (5)オ (6)ア

3 (1)手 (2)口 (3)耳 (4)足
(5)むね (6)歯 (7)顔

22 決まった言い方をする言葉② 44・45ページ

1 (1)かぶと (2)板 (3)てこ
(4)思う (5)さば (6)馬

2 (1)ねこ (2)大ぶろしき (3)馬 (4)白羽
(5)お茶 (6)ふくろ (7)さじ

3 (1)イ (2)オ (3)エ (4)カ (5)ア (6)ウ

23 決まった言い方をする言葉③ 46・47ページ

1 (1)つる (2)石橋 (3)おに
(4)雨 (5)頭 (6)どんぐり

2 (1)ウ (2)オ (3)イ (4)エ (5)カ (6)ア

3 (1)①頭 ②かくした
(2)①おに ②やさしい
(3)①石 ②成功

24 決まった言い方をする言葉④ 48・49ページ

1 (1)ねこ (2)馬 (3)たな
(4)のれん (5)かっぱ (6)ひょうたん

2 (1)①さる ②失敗 (2)①真じゅ ②役
(3)①こま ②起こる

3 (1)ア・エ (2)ウ・オ (3)イ・カ
※3は、記号の順じょがちがっても正かいです。

25 復習《ふくしゅう》ドリル③ 50・51ページ

1 (1)漢 (2)外 (3)漢 (4)和 (5)和
(6)和 (7)外 (8)和 (9)漢 (10)漢
(11)和 (12)外 (13)外 (14)漢

2 (1)ながぐつ (2)かざむき〈かぜむき〉
(3)あまぐつ (4)しらなみ (5)かざぐるま
(6)かなあみ (7)わらいがお

3 (1)①雨 ②もめごと
(2)①おに ②やさしい
(3)①つる ②力

4 (1)むね (2)口 (3)手 (4)足
(5)顔 (6)歯 (7)耳

26 同じ部首の漢字① 52・53ページ

1 (1)動・効 (2)混・液 (3)築・管

2
(1)浅・清 (2)価・保 (3)境・増
(4)授・提 (5)散・改 (6)寄・容
(4)謝・許 (5)安・富 (6)制・則
(7)故・救

3
(1)容・察 (2)授・提 (3)政・敗
(4)液・混 (5)謝・許 (6)価・保
(7)則・制

27 同じ部首の漢字② 54・55ページ

1
(1)感・態 (2)序・庫 (3)迷・過
(4)囲・団 (5)街・術 (6)内・再

2
(1)志・念 (2)度・康 (3)適・造
(4)団・囲 (5)術・街 (6)内・再
(7)児・元

3
(1)感・態 (2)序・庫 (3)過・迷
(4)造・適 (5)術・街 (6)内・再
(7)兄・児

28 漢字辞典の使い方① 56・57ページ

1
(1)亻 (2)女 (3)广 (4)言 (5)貝
(6)艹 (7)囗 (8)攵 (9)扌 (10)氵

2
(1)火〈火〉・4 (2)子・3 (3)宀・3
(4)攵・4 (5)广・3 (6)阝・3

※2の画数は、漢数字で書いても正かいです。

3
(1) 2 3 1
(2) 3 1 2
(3) 2 3 1
(4) 2 1 3
(5) 2 4 3 1
(6) 2 3 1 4

29 漢字辞典の使い方② 58・59ページ

1
(1)イ (2)ア (3)ウ (4)ア (5)イ (6)ウ

2
(1)8 (2)5 (3)6 (4)7 (5)7 (6)8

3
(1)2 (2)3 (3)3 (4)4 (5)5 (6)4

4
(1)广・7 (2)阝・7 (3)刂〈刀〉・5
(4)牜〈牛〉・6 (5)亻〈人〉・6 (6)阝・8

※2〜4の画数は、漢数字で書いても正かいです。

30 漢字のいろいろな読み方① 60・61ページ

1
(1) えい　およ (2) がん　ぎし (3) うん　はこ
(4) しゃ　うつ (5) どう　はたら (6) せつ　と

2
(1) いん　じるし (2) き　はた (3) でん　つた
(4) ねつ　あつ (5) せん　えら (6) か　は
(7) かん　みき (8) こう　き

3
(1) こうこく　つ (2) しゅるい　たね
(3) ひこうき　と (4) しゅうい　まわ
(5) けんこく　た (6) めんせき　つ

31 漢字のいろいろな読み方② 62・63ページ

1
(1) かい　ひら・あ (2) ちゃく　き・つ
(3) じゅう・ちょう　おも・かさ

2
(1) し　ゆび・ざ (2) かく　おぼ・ざ
(3) せい・じょう　はぶ (4) ぞう　ま・ふ

3
(1) だい・たい　か・よ (2) へい・びょう　たい・ひら
(3) じ・ち　おさ・なお (4) れい・つめ　ひ・さ

32 復習《ふくしゅう》ドリル④ 64・65ページ

1
(1)イ (2)ア (3)ウ (4)ア (5)イ (6)ウ

2
(1)序・庫 (2)適・造 (3)故・救
(4)授・提 (5)液・混 (6)容・察

3
(1)感・態 (2)迷・逆 (3)度・康
(4)兄・児 (5)価・保 (6)境・増
(7)則・制

4
(1) せんしゅ　えら (2) こうこく　つ
(3) ねつ　あつ (4) けっか　は
(5) けんこく　た (6) しんかんせん　みき

33 形の似《に》た漢字① 66・67ページ

1
(1)破 (2)張 (3)版 (4)証 (5)銅

2
(1)帳・張 (2)枝・技 (3)飯・版
(4)拾・給 (5)往・住 (6)情・清・静・精

3
(1)技・枝 (2)張・帳 (3)往・住
(4)拾・給 (5)飯・版 (6)清・情・精・静

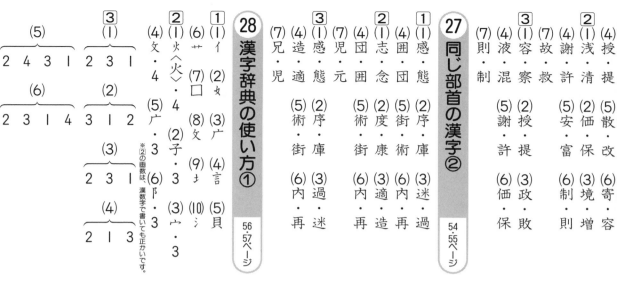

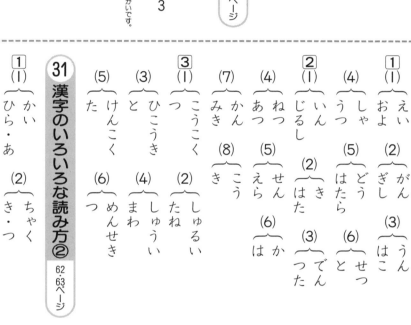

34 形の似《に》た漢字②
68・69ページ

1 (1)任 (2)布 (3)在 (4)快 (5)輸

2 (1) 仕 任 (2) 式 武 (3) 句 可 (4) 技 枝 (5) 規 現 (6) 輪 輸

3 (1)…以|似ている。 (2)…語可|句を…。 (3)…枝|技術の…。 (4)…能卒|率的に…。 (5)…規|現金を…。 (6)…輪|輸入量が…。

35 同じ読み方の漢字①
70・71ページ

1 (1)営 (2)易 (3)央 (4)慣 (5)効

2 (1) 衛 営 (2) 価 果 (3) 観 完 (4) 件 券 (5) 鉱 構 (6) 再 災

3 (1)…貿益|易が…。 (2)…往|横断する…。 (3)…習観|慣だ。 (4)…基|規則を…。 (5)…賞味期現|限は…。 (6)…構|効果で…。

36 同じ読み方の漢字②
72・73ページ

1 (1)氏 (2)招 (3)勢 (4)版 (5)暴

2 (1) 罪 在 (2) 史 試 (3) 乗 常 (4) 成 政 (5) 対 帯 (6) 布 付

3 (1)身分招|証明書を…。 (2)成|政治や…。 (3)…想造|像する。 (4)…反|犯罪を…。 (5)…府|付録を…。 (6)…防|暴風雨で…。

37 同じ読み方の漢字③
74・75ページ

1 (1)飼 (2)厚 (3)移 (4)織 (5)解

2 (1) 買 飼 (2) 敗 破 (3) 量 測 (4) 務 努 (5) 止 留 (6) 表 現

3 (1)…写|移しかえる。 (2)…説|解く。 (3)…書き止|留める。 (4)…敗|破れて…。 (5)…努|務めていた。 (6)…表|現れた。

38 まちがえやすい漢字
76・77ページ

1 (1)経 (2)険 (3)群 (4)測 (5)境

2 (1) 積 績 (2) 側 測 (3) 険 検 (4) 復 複 (5) 織 識 (6) 講 構

3 (1)…点険|検する。 (2)国鏡|境を…。 (3)…身体側|測定を…。 (4)…複|復習する。 (5)…講|構内で…。 (6)…知織|識を…。

39 復習《ふくしゅう》ドリル⑤
78・79ページ

1 (1) 帳 張 (2) 式 武 (3) 住 往 (4) 輪 輸 (5) 情 静 (6) 仕 任

2 (1) 果 価 (2) 易 益 (3) 央 応 (4) 件 券 (5) 康 効 (6) 完 幹

3 (1) 飼 買 (2) 暑 厚 (3) 留 止 (4) 織 折 (5) 破 敗 (6) 量 測

4 (1)…身体側|測定が…。 (2)…複|復習する。 (3)…面績|積を…。 (4)…知織|識が…。 (5)…大郡|群が…。 (6)…径|経験が…。

40 漢字の成り立ち①
80・81ページ

1 (1)火 (2)山 (3)田 (4)竹 (5)日 (6)月 (7)犬 (8)馬 (9)鳥 (10)魚

2 (1)山 (2)上 (3)魚 (4)三 (5)川 (6)本

3 (1)林 (2)明 (3)信 (4)岩

4 (1)竹・馬・犬 (2)上・本・内 (3)信・林・鳴 (4)紙・洋・板

※4は、漢字の順じょがちがっても正かいです。

41 漢字の成り立ち②
82・83ページ

1 (1)シ (2)フン (3)ジ (4)ソウ (5)セイ

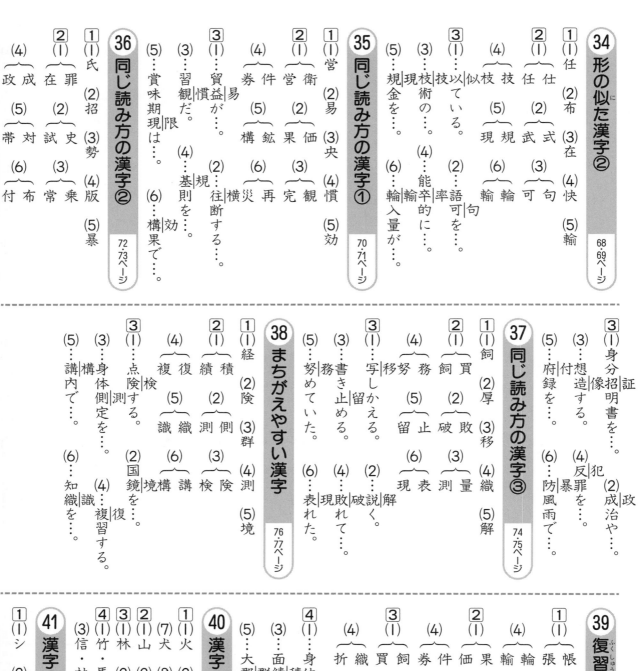

(6)フ (7)カ (8)サイ (9)コ (10)ドウ

2 (1)心 (2)艹 (3)木 (4)亻 (5)氵 (6)扌

3 (1)米・分 (2)言・果 (3)食〈食〉・司 (4)扌〈手〉・寺 (5)氵〈水〉・青 (6)亻〈人〉・固 (7)金〈金〉・同 (8)心・相 (9)广・付 (10)糸・会 (11)貝・化 (12)衣・制

42 熟語《じゅくご》の組み立て① 84・85ページ

1 (1)①短 ②死 ③弱 ④暗
(2)①習 ②産 ③助 ④転

2 (1)明暗・生死・長短
(2)救助・戦争・学習

※2は、言葉の順じょがちがっても正かいです。

3 (1)強・内・売 (2)生・絵・回

4 (1)①短 ②買 ③弱 ④死 ⑤暗 ⑥外
(2)①習 ②産 ③争 ④転 ⑤画 ⑥助

43 熟語《じゅくご》の組み立て② 86・87ページ

1 (1)①刀 ②木 ③橋 ④湯
(2)①火 ②車 ③曲 ④山

2 (1)白線・鉄橋・熱湯
(2)作曲・帰国・挙式
(3)未開・無害・不足

※2は、言葉の順じょがちがっても正かいです。

3 (1)不 (2)未 (3)無 (4)非

4 (1)消火・しょうか (2)作曲・さっきょく
(3)登山・とざん (4)着席・ちゃくせき
(5)乗車・じょうしゃ (6)帰国・きこく
(7)集金・しゅうきん

44 熟語《じゅくご》の組み立て③ 88・89ページ

1 (1)①村 ②下 (2)①全 ②短

45 復習《ふくしゅう》ドリル⑥ 90・91ページ

(3)①的 ②化 ③所 ④長

2 (1)衣食住・上中下・松竹梅・市町村
(2)大失敗・無関心・不自然・未完成
(3)交通費・書道家・図書係・具体的

※2は、言葉の順じょがちがっても正かいです。

3 (1)図書係 (2)大失敗 (3)研究所
(4)短期間

4 (1)不 (2)未 (3)未 (4)無 (5)不 (6)非

1 (1)馬・竹・犬 (2)上・本・末
(3)林・信・鳴 (4)固・洋・板

※1は、漢字の順じょがちがっても正かいです。

2 (1)帰国・きこく (2)着席・ちゃくせき
(3)登山・とざん (4)集金・しゅうきん
(5)消火・しょうか (6)挙式・きょしき

3 (1)強弱・生死・売買 (2)絵画・救助・戦争
(3)熱湯・鉄橋・白線 (4)集金・作曲・帰国
(5)不幸・無害・非番

※3は、言葉の順じょがちがっても正かいです。

4 (1)上中下・市町村・松竹梅・衣食住
(2)大都市・新発売・短期間・不安定
(3)研究所・文化祭・機械化・感動的

※4は、言葉の順じょがちがっても正かいです。

46 送りがな① 92・93ページ

1 (右から)(1)か・き・こ・い
(2)ば・び・ぼ・ん (3)かっ・けれ
(4)しかっ・しく

2 (右から)(1)か・く・い (2)っ・え・わ
(3)かっ・く (4)しかっ・しく

3 (1)①選び ②選ん (2)①答え ②答え
(3)①冷たかっ ②冷たけれ
(4)①美しかっ ②美しく

47 送りがな② 94・95ページ

1 (1)ぎる (2)く (3)い (4)む (5)らう
(6)かめる (7)れる (8)い

2 (1)い (2)す (3)む (4)かめる
(5)らう (6)い

3 (1)さ ひ (2)ふ ま

4 (1)過ぎる (2)耕す (3)快い (4)導く
(5)現れる (6)確かめる

48 かなづかい① 96・97ページ

1 (1)どうろ (2)おとうさん (3)えいが
(4)おおきい (5)こおり (6)おとうと
(7)きのう (8)けいかく (9)えいよう
(10)どうぐ

2 (1)う (2)う・い (3)う・お (4)い・お
(5)う・お (6)お・い (7)い・う

3 (1)…ええ|いが…。 (2)…けえ|いかく…。
(3)きのお|う…。 (4)おう|おきな…。
(5)…おお|うふく…。 (6)…こう|おり…。
(7)…どお|うとく…。

49 かなづかい② 98・99ページ

1 (1)（◎）（　） (2)（　）（◎） (3)（　）（◎）
(4)（　）（◎） (5)（　）（◎） (6)（　）（◎）

2 (1)づ・は (2)へ・ず (3)は・ち (4)は・じ

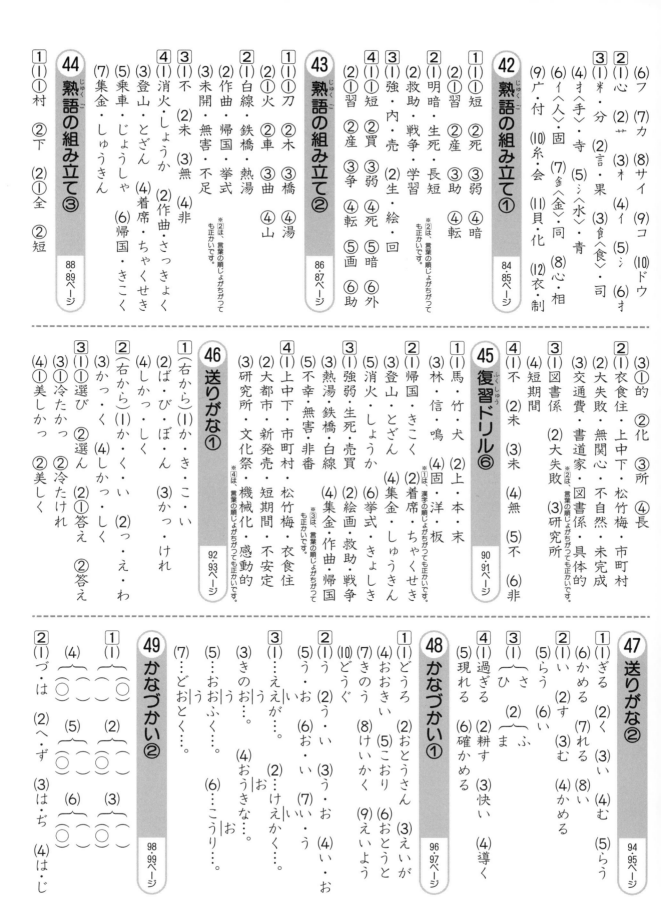

(5)づ・を　(6)を・ぢ　(7)は・づ

3 (1)教科書お（を）…。　(2)…ゆ（い）う…。
(3)…はなじ（ぢ）が…。　(4)…てずく（づ）りの…。
(5)…練習お（を）…広場え（へ）…。
(6)…家え（へ）、こず（づ）つみを…。
(7)…セーターわ（は）…ちじ（ぢ）んで…。

50 符号《ふごう》の使い方①　100・101ページ

1 (1)わたしは、…借りてきた。
(2)…父は、…している。
(3)今日は、…ある。
(4)わたしは、…行ってきた。
(5)…姉は、…作っている。
(6)…行ったが、…帰ってきた。
(7)…ノックした。しかし、…
(8)朝礼のとき、…した。

2 (1)…行って、…　(2)…行って、…
(3)今日は、…　(4)先週、…
(5)…みたが、…　(6)…きたので、…
(7)…あったが、…
(8)…たん生日なので、…

3 (1)わたしは、…　(2)弟は、…
(3)今日は、…　(4)…もどると、…
(5)…。さらに、…　(6)わたしは、…
(7)…乗りついで、…

51 符号の使い方②　102・103ページ

1 (1)（　）（〇）　(2)（〇）（　）　(3)（　）（〇）
(4)（〇）（　）　(5)（　）（〇）

2 (1)イ　(2)エ　(3)ア　(4)ウ　(5)オ

3 (1)みかん・りんご・バナナが
(2)「動物の生活」
(3)例 ——最後までがんばる——
(4)「ろう下を走ってはいけません。」

52 復習《ふくしゅう》ドリル⑦　104・105ページ

1 (1)話し　(2)走ら　(3)泳ご　(4)わかかっ
(5)うれしけれ

2 (1)い　(2)く　(3)れる　(4)る　(5)す
(6)かめる　(7)く

3 (1)セーターお（を）…待ちつず（づ）けた。
(2)ぢ（じ）かん…おやつお（を）…。
(3)今朝わ（は）…ぢ（じ）めんが…。
(4)公園え（へ）…ゆ（い）った。　(5)ちづ（ず）…家え（へ）…。
(6)…てず（づ）くりのケーキわ（は）…。
(7)…ゆ（い）うことお（を）…。

4 (1)…友達は、…　(2)今日、…
(3)…帰ると、…　(4)…ノックしたが、…
(5)…。そして、…　(6)…行って、…
(7)…近いので、…

53 こそあど言葉①　106・107ページ

1 (1)それ　(2)どれ　(3)この　(4)あの
(5)そこ　(6)どこ　(7)こちら　(8)あちら

(9)こっち　(10)そんな　(11)どんな　(12)ああ

2 (1)これ・ここ　(2)そこ・それ
(3)あれ・あそこ　(4)どれ・どこ
※2は、言葉の順じょがちがっても正かいです。

3 (1)これ　(2)どこ　(3)こちら
(4)この　(5)こう

54 こそあど言葉②　108・109ページ

1 (1)（　）（〇）　(2)（〇）（　）　(3)（　）（〇）

2 (1)新幹線　(2)グラウンド
(3)きれいなふん水　(4)かわいらしい動物
(5)近所の店のたい焼き

3 (1)青い服　(2)駅前の交番
(3)美しい絵はがき　(4)小さな公園
(5)大きな箱

55 文をつなぐ言葉①　110・111ページ

1 (1)イ　(2)ア　(3)ウ　(4)エ　(5)イ　(6)ウ

2 (1)だから　(2)でも　(3)さらに
(4)では　(5)でも

3 (1)①しかし　②それで
(2)①また　②だから　③でも

56 文をつなぐ言葉②　112・113ページ

1 (1)ので　(2)のに　(3)と　(4)が　(5)し
(6)ので

2 (1)雨がふったが、試合を続けた。
(2)ぼくはプリンが好きだし、アイスも好きだ。
(3)朝、家を出ると、庭に花がさいていた。

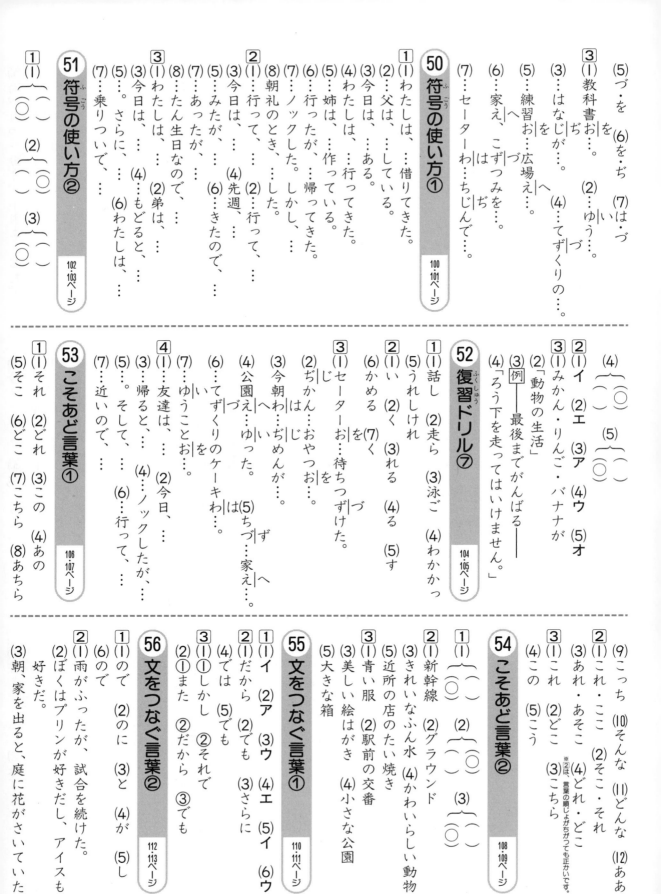

(4)雨がふったので、かさをさした。だから、

3 (1)あたたかいコートを着た。だから、寒くなかった。
(2)天気予報は晴れだった。でも、雨がふってきた。
(3)わたしは犬を飼っている。また、ねこも飼っている。
(4)急いで水を飲んだ。すると、むせて苦しくなった。

57 復習《ふくしゅう》ドリル⑧ 114・115ページ

1 (1)これ (2)あれ (3)その (4)どの
(5)ここ (6)あそこ (7)そちら (8)どちら
(9)そっち (10)こんな (11)あんな (12)そう

2 (1)プール (2)小さな林
(3)プリン (4)大きな公園

3 (1)ウ (2)イ (3)エ (4)ア (5)ウ (6)ア (7)イ

4 (1)わたしには、兄がいる。また、姉もいる。
(2)夜空を見上げた。すると、星がたくさん見えた。
(3)台風は通り過ぎた。けれども、学校は休みになった。
(4)天気予報は雨だった。だから、かさを持ってきた。

58 いろいろな言い方① 116・117ページ

1 (1)聞 (2)お (3)お (4)聞
(5)お (6)お (7)聞 (8)お

2 (1)読むだろう (2)見えるようだ
(3)勝ちそうだ (4)ふくらしい
(5)休むようだ (6)始まりそうだ

3 (1)①午後、雨がふるそうだ。
②午後、雨がふりそうだ。
(2)①あの子は、やさしいそうだ。
②あの子は、やさしそうだ。
(3)①多数決で決まるそうだ。
②多数決で決まりそうだ。
(4)①父は、早く出かけるそうだ。
②父は、早く出かけそうだ。

59 いろいろな言い方② 118・119ページ

1 (1)助けられる (2)見られる
(3)しかられる (4)よばれる
(5)だかれる (6)泣かされる
(7)覚えられる (8)育てられる

2 (1)妹が (2)姉に (3)追われる
(4)姉が〈は〉 (5)祖母に (6)見守られる

3 (1)弟が、母親によばれる。
(2)妹が〈は〉、兄に泣かされる。
(3)鳥が〈は〉、わたしに育てられる。
(4)赤ちゃんが〈は〉、父親にだかれる。
(5)ぼくが〈は〉、先生にしかられる。
(6)弟が〈は〉、おじに見られる。

60 いろいろな言い方③ 120・121ページ

1
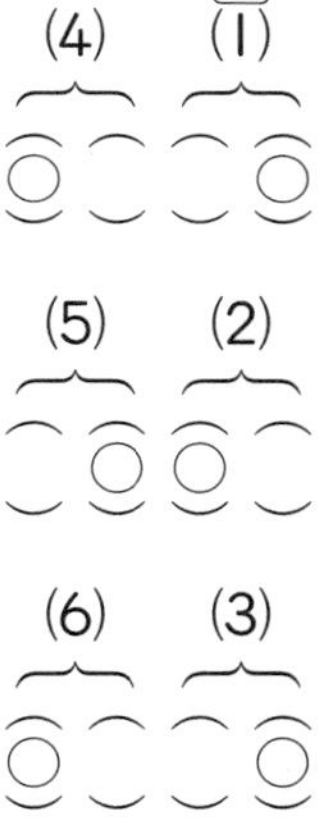

2 (1)書きなさい (2)泳ぎますか
(3)食べたい (4)見ません
(5)かけてください

3 (1)ねなさい (2)[例]読みたい
(3)[例]教えてください〈教えてくれ〉
(4)[例]行きましょう〈行こう〉
(5)[例]しますか〈するか・するの〉
(6)[例]見ません〈見ない〉

61 いろいろな言い方④ 122・123ページ

1
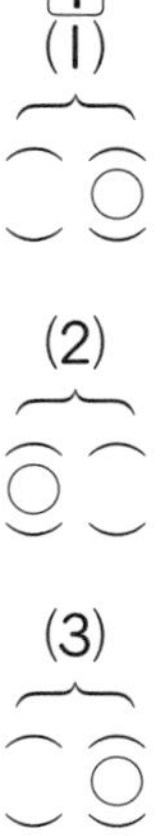

2
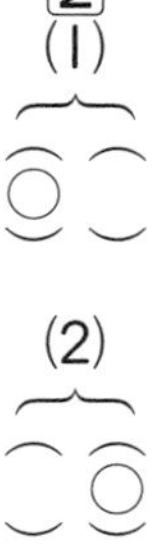

3 (1)地方 (2)昔 (3)わかる (4)共通語

4 (1)ように (2)ような (3)ような

5 (1)チーター (2)氷 (3)米つぶ
(4)絵 (5)昼間 (6)雪

62 敬語《けいご》の使い方① 124・125ページ

1 (1)①ていねい ②敬意
(2)①話題 ②うやまう
(3)①自分 ②けんそん

2
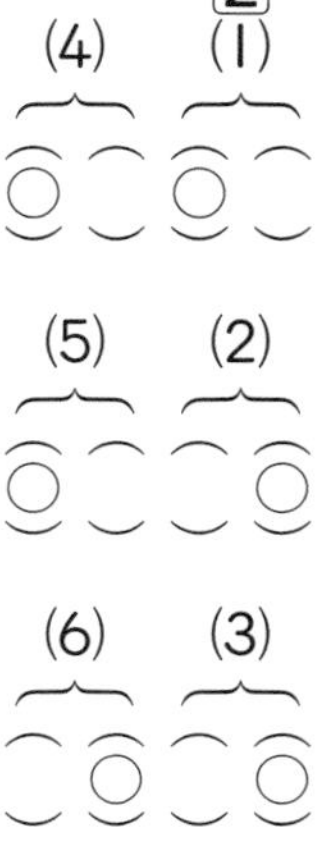

3 (1)イ (2)ウ (3)ア (4)イ (5)ア
(6)ウ (7)イ (8)ウ (9)ウ (10)イ

63 敬《けい》語《ご》の使い方②

126・127ページ

1
(1)（○）（　）　(2)（　）（○）　(3)（○）（　）　(4)（○）（　）
(5)（　）（○）　(6)（○）（　）　(7)（　）（○）　(8)（　）（○）

2
(1)（　）（○）　(2)（　）（○）　(3)（　）（○）
(4)（○）（　）　(5)（○）（　）　(6)（　）（○）

3
(1)いただいた　(2)いたします
(3)なさる　(4)申して　(5)おっしゃった

64 復習《ふくしゅう》ドリル⑨

128・129ページ

1
(1)例食べたい
(2)例飲みますか〈飲むか・飲むの〉
(3)例しなさい〈しろ〉
(4)例行きましょう〈行こう〉
(5)例見ません〈見ない〉

2
(1)①部屋の明かりが暗いそうだ。
　②部屋の明かりが暗そうだ。
(2)①魚がえさを食べるそうだ。
　②魚がえさを食べそうだ。
(3)①店は七時でしまるそうだ。
　②店は七時でしまりそうだ。

3
(1)弟が、兄に笑われる。
(2)ねこが〈は〉、妹になでられる。
(3)兄が〈は〉、父によばれる。
(4)妹が〈は〉、犬に追いかけられる。
(5)子犬が〈は〉、ぼくに育てられる。
(6)弟が〈は〉、母にしかられる。

4
(1)いらっしゃる　(2)申す
(3)いただく　(4)うかがう　(5)おっしゃる

65 テスト①

130・131ページ

1
(1)たい　(2)なら　(3)だろう
(4)のか　(5)ような　(6)ない

2
(1)和　(2)外　(3)和　(4)漢　(5)漢　(6)外
(7)漢　(8)和　(9)外　(10)漢　(11)和　(12)外
(13)漢　(14)和

3
(1)はなばたけ　(2)くすりばこ
(3)しらなみ　(4)かざむき
(5)あまぐも　(6)ながぐつ
(7)うでどけい　(8)わらいがお

4
(1)耳　(2)顔　(3)足　(4)手
(5)口　(6)歯　(7)むね

66 テスト②

132・133ページ

1
(1)応 央　(2)果 価　(3)災 再
(4)構 康　(5)益 易　(6)観 慣

2
(1)写 移　(2)解 説　(3)折 織
(4)敗 破　(5)測 量　(6)努 務

3
(1)…成積|績が…。　(2)…国鏡|境を…。
(3)…点険|検して…。　(4)…複|復習を…。
(5)知織|識が…。　(6)身体側|測定を…。

4
(1)内外・明暗・長短
(2)回転・学習・生産
(3)熱湯・木刀・白線
(4)消火・着席・乗車
(5)無人・不満・未定

※4は、言葉の順じょがちがっても正かいです。

67 テスト③

134・135ページ

1
(1)大きな船　(2)図書館
(3)小さな池　(4)駅前の交番
(5)ノート

2
(1)わたしはプリンが好きだ。また、アイスも好きだ。
(2)夜空を見上げた。すると、満月が見えた。
(3)とても寒かった。だから、マフラーをまいた。
(4)雨がふってきた。しかし、かさを持っていない。

3
(1)生徒が〈は〉、先生によばれる。
(2)ねこが〈は〉、犬にほえられる。
(3)妹が〈は〉、ぼくに泣かされる。
(4)姉が〈は〉、ねこになつかれる。
(5)赤ちゃんが〈は〉、母親にだかれる。
(6)ねずみが〈は〉、ねこに追われる。

4
(1)申し上げる　(2)めし上がる
(3)いらっしゃる　(4)うかがいます
(5)はい見する

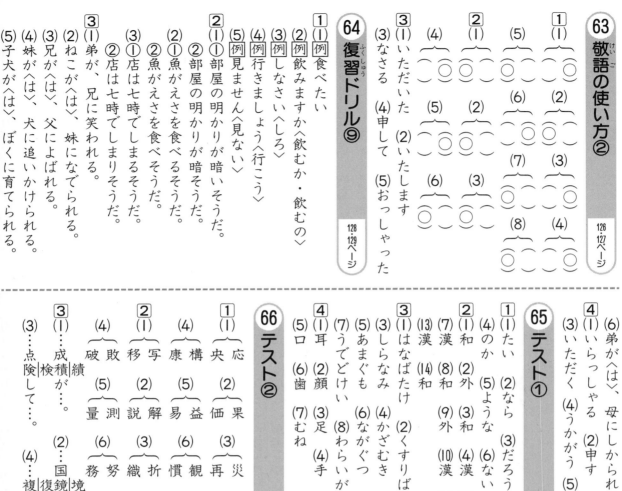